Ymlaen â Ni ▶▶

Mathemateg
Lefel 3–4

Hilary Koll a Steve Mills
Addasiad Sian Owen

Cyhoeddwyd dan nawdd Cynllun Cyhoeddiadau Cyd-bwyllgor Addysg Cymru

@ebol

Ymlaen â Ni: Mathemateg, Lefel 3–4
addasiad Cymraeg o *Fast Forward Maths, Level 3–4*
a gyhoeddwyd yn wreiddiol gan Hodder & Stoughton Educational, 338 Euston Road, Llundain NW1 3BH

Noddwyd gan Lywodraeth Cynulliad Cymru

Cyhoeddwyd dan nawdd
Cynllun Cyhoeddiadau Cyd-bwyllgor Addysg Cymru

Argraffiad Cymraeg cyntaf 2006
Cyhoeddwyd yng Nghymru gan Atebol, Adeiladau'r Fagwyr, Llandre, Aberystwyth, Ceredigion SY24 5AQ

ISBN 1-905255-24-1

Testun gwreiddiol © Hilary Koll a Steve Mills 2000
Addasiad Cymraeg © Cyd-bwyllgor Addysg Cymru 2006
Addasiad Cymraeg: Sian Owen
Cyhoeddiad Cymraeg: © Atebol 2006

Ni chaniateir atgynhyrchu unrhyw ran o'r cyhoeddiad hwn na'i throsglwyddo ar unrhyw ffurf neu drwy unrhyw fodd, electronig neu fecanyddol, gan gynnwys llungopïo, recordio neu drwy gyfrwng unrhyw system storio ac adfer, heb ganiatâd ysgrifenedig y cyhoeddwr neu dan drwydded gan yr Asiantaeth Trwyddedu Hawlfreintiau Gyfyngedig. Gellir cael manylion pellach am y trwyddedau hyn (ar gyfer atgynhyrchu reprograffig) oddi wrth yr Asiantaeth Trwyddedu Hawlfreintiau Gyfyngedig/Copyright Licensing Agency Limited, 90 Tottenham Court Road, Llundain W1 9HE

Darluniau gan Richard Duszczak ac Ian Foulis & Associates
Dyluniwyd y testun gan Lynda King
Arlunwaith y clawr: Matthew Cooper, Debut Art
Argraffwyd gan Wasg Gomer, Llandysul, Ceredigion

CYNNWYS

Tudalen iv   **Cyflwyniad i'r Athrawon**

Tudalen 1   **UNED UN   Adio a Thynnu**

Tudalen 7   **UNED DAU   Lluosi**

Tudalen 13   **UNED TRI   Rhannu**

Tudalen 19   **UNED PEDWAR   Ffracsiynau a Chanrannau**

Tudalen 25   **UNED PUMP   Gwerth Lle a Degolion**

Tudalen 31   **UNED CHWECH   Patrymau Rhifau**

Tudalen 37   **UNED SAITH   Siapiau 2D, Arwynebedd a Chyfesurynnau**

Tudalen 43   **UNED WYTH   Onglau ac Amser**

Tudalen 49   **UNED NAW   Mesur a Darllen Graddfeydd**

Tudalen 55   **UNED DEG   Graffiau a Thrin Data**

Cyflwyniad i'r Athrawon

Mae *Llyfr Disgybl Ymlaen â Ni: Mathemateg, Lefel 3–4* yn rhoi pwyslais penodol iawn ar helpu disgyblion i godi o Lefel 3 i Lefel 4 mewn mathemateg. Y nod yw creu deunydd a fydd yn hyblyg ei ddefnyddio fel rhan o raglen ryngweithiol dan arweiniad athro neu athrawes.

Nid yw hwn yn llyfr i ddisgyblion weithio trwyddo ar eu pennau eu hunain o'i ddechrau i'w ddiwedd. Dangosodd profiad fod y dull hwnnw'n annigonol i lawer iawn o ddisgyblion nad ydynt, yn yr oedran hwn, yn gallu dysgu mathemateg trwy gyfrwng testun yn unig.

Bydd y llwyddiant yn dibynnu ar gyfraniad yr athrawon. Bydd procio, herio a rhyngweithio â'r disgyblion i archwilio'r syniadau sydd yn y llyfr hwn yn helpu i ddod â mathemateg yn fyw. Mae treulio amser yn meddwl a thrafod, esbonio ac archwilio, yn arwain at gynyddu hyder, brwdfrydedd a dealltwriaeth.

Ysgrifennwyd y *Llyfr Disgybl* hwn i fynd i'r afael â'r agweddau hynny ar fathemateg Lefel 4 sy'n peri y mwyaf o anhawster i lawer o ddisgyblion. Trwy gyfrwng deg o'r hyn a elwir yn Unedau, rhoddir sylw i feysydd sy'n aml yn wan gan ddisgyblion. Wrth gwrs, gellir defnyddio'r dull hwn o ganolbwyntio ar unedau penodol ar y tro, yn rhan o unrhyw raglen ar gyfer disgyblion Lefel 3–4.

Yn *Llawlyfr Athrawon Ymlaen â Ni: Mathemateg, Lefel 3–4* mae cyfoeth o syniadau i ehangu a datblygu'r deunyddiau sydd yn y *Llyfr Disgybl*. Mae rhagor o wybodaeth ar gyfer pob Uned er mwyn estyn a chyfoethogi'r gweithgareddau. Hefyd, mae'r *Llawlyfr Athrawon* yn cynnwys awgrymiadau manwl ar gyfer cael y budd gorau posibl o'r cyfleoedd sy'n deillio o fywyd dydd i ddydd, gan gynnwys gweithgareddau awyr agored, ymchwiliadau penagored, posau a gemau. Mae'r rhain yn arbennig o bwysig wrth ddatblygu rhaglen amrywiol, ysgogol a difyr. Darperir hefyd daflenni i'w llungopïo, er mwyn gallu cynnig rhagor o gyfleoedd i'r disgyblion ymarfer a chadarnhau'r wybodaeth, naill ai gartref neu yn yr ysgol.

UNED UN Adio a Thynnu

Yn yr Uned hon byddwch yn dysgu:

★ y geiriau sy'n golygu adio neu dynnu
★ ffyrdd i adio a thynnu rhifau yn eich pen
★ sut i ateb posau rhifau coll
★ datrys problemau geiriau.

Cynhesu – ymarfer!

Mae angen deffro'r meddwl! Atebwch y cwestiynau adio a thynnu:

6 + 4 = ...	7 + 9 = ...	17 + 5 = ...
22 + 9 = ...	27 + 6 = ...	45 + 12 = ...
36 + 8 = ...	29 + 13 = ...	56 + 19 = ...

9 – 6 = ...	12 – 7 = ...	21 – 9 = ...
30 – 15 = ...	29 – 6 = ...	45 – 11 = ...
33 – 19 = ...	100 – 51 = ...	45 – 28 = ...

Mae'r atebion yn y grid. Lliwiwch nhw. Beth mae'r grid lliw yn ei ddweud?

19	23	16	22	18	49	12	75	30
48	10	21	14	61	57	13	2	39
43	5	17	44	20	3	51	1	37
4	42	8	34	7	31	15	33	11

Ffeithiau

Adio a thynnu

Does dim ots ym mha drefn y mae'r rhifau wrth adio, mae'r ateb yr un fath …

[3] + [12] = 15   [12] + [3] = 15

Ond mae'n wahanol wrth dynnu. Rhowch gynnig arni!

Gweithgaredd

Edrychwch ar y symiau adio a thynnu uchod. Ble mae'r rhif mwyaf mewn symiau adio? Beth am symiau tynnu?

1

Uned un

Gwaith geiriau

Pa eiriau sy'n golygu adio a pha rai sy'n golygu tynnu?

plws	minws	gyda'i gilydd	tynnu
cyfanswm	swm	lleihau	gwahaniaeth	ac
ychwanegu	mwy	llai	cynyddu	disgownt

Adio

Tynnu

Trefnwch y geiriau yn ddau grŵp.

Adeiladu sgiliau

Mae gan Jac ffordd dda o ddod o hyd i ateb cwestiynau fel y rhain.

Swm 37 a 25 yw 62

37   57   60   62
    20   3   2

Y gwahaniaeth rhwng 57 a 38 yw 19

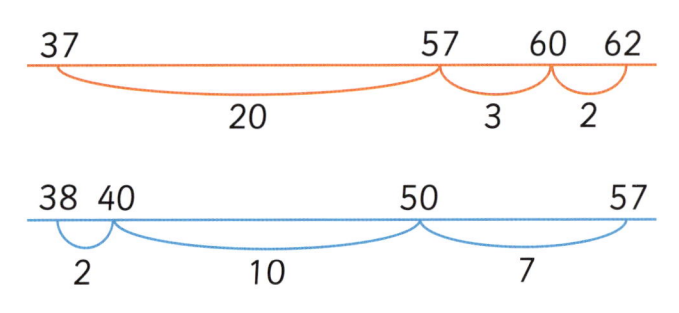

38   40   50   57
  2   10   7

Ceisiwch ateb y rhain yr un ffordd:

Y Papur Dyddiol   26 Mai 2006

Sgoriodd Tre Fach 47 gôl cyn y Nadolig a 26 ar ôl y Nadolig, gan wneud cyfanswm o ☐

Mewn arolwg dywedodd 62 o bobl eu bod yn mynd i'r gwaith ar y trên a 35 eu bod yn mynd mewn car. Mae hyn yn wahaniaeth o ☐

47

35   62

Uned un

Gair i gall! *Rhowch y rhif mwyaf yn gyntaf wrth adio.*

Dyma waith cartref Nia.
Ticiwch yr atebion cywir a rhowch groes trwy'r rhai anghywir.

Mae 14 a 38 yn **62**	38 _____
28 yn llai 51 yw **23**	_____ 51
Y gwahaniaeth rhwng 43 a 69 yw **26**	43 _____ 69
Mae ychwanegu 23 at 86 yn rhoi **119**	_____
Mae tynnu 47 o 104 yn rhoi **54**	_____

Cracer o gwestiwn

Pa mor gyflym y gallwch chi ddod o hyd i'r rhifau coll hyn?

50 + ◯ = 101   32 + ◯ = 40   ◯ + 20 = 30

12 − ◯ = 6   ◯ − 15 = 20   ◯ − 25 = 50

Gair i gall! Gallwch ddefnyddio tynnu i ateb cwestiynau adio, a defnyddio adio i ateb cwestiynau tynnu.

Mewn cwestiynau adio, yr ateb fydd y rhif mwyaf.

Mewn cwestiynau tynnu, y rhif cyntaf fydd y mwyaf.

Uned un

Defnyddiwch eich cyfrifiannell i ateb y cwestiynau hyn:

100 − ☐ = 35

☐ + 28 = 47

☐ − 687 = 128

476 + ☐ = 762

3156 + ☐ = 10001

☐ + 5756 = 9284

Trefnwch y tri cherdyn mewn gwahanol ffyrdd er mwyn gwneud cymaint o symiau adio a thynnu ag y gallwch chi.

26 **45** **71**

45 + 26 = 71

238 **305** **543**

Helpwch y dyn papur newydd i roi'r geiriau cywir yn y stori:

MATHA-MISOL   Awst 2005
y diweddaraf am fathemateg!

Dau Ddarganfyddiad Gwych!!!
Mae mathemategwyr wedi dod o hyd i safle'r rhif mwyaf mewn symiau adio a thynnu!!

Mewn symiau adio, y rhif mwyaf bob tro yw'r ☐

Mewn symiau tynnu, y rhif mwyaf bob tro yw'r ☐

Uned un

Ewch ati!

Darllenwch y penawdau hyn. Beth yw'r rhifau coll?

Cafodd 67 o nyrsys wobr yn y Senedd ddoe. Bydd 24 gwobr arall yn cael eu cyflwyno heddiw, gan wneud cyfanswm o

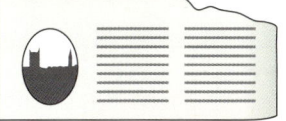

Yn ôl yr heddlu lleol mae yna lai o droseddu yn yr ardal. Yn 2003 roedd 82 lladrad. Y flwyddyn wedyn roedd lleihad o 36, gyda dim ond ___ lladrad yn 2004.

SÊL
Disgownt o £42 ar bob set deledu sgrin lydan.

Pris gwreiddiol
£410
Pris yn y sêl _____

Cafodd 74 chwaraewr gerdyn melyn yng Nghynghrair y De ddydd Sadwrn, a 48 arall ddydd Sul. Mae'r cyfanswm o ___ yn record newydd.

Sôn am symiau

Weithiau wrth fesur, bydd yr unedau yn wahanol, er enghraifft cm ac m, neu mm ac cm. Byddwch yn ofalus! Newidiwch y rhifau fel eu bod i gyd â'r un uned.

Ychwanegwch 3 m at 112 cm.

Newidiwch y ddau yn fetrau   3 m + 1.12 m = ☐

neu'n gentimetrau   300 cm + 112 cm = ☐

Mae Jo a Rhodri yn dadlau. Ticiwch yr atebion cywir.

Mae 1 m tynnu 29 cm yn 81 cm

Nac ydy, mae'n 71 cm

Mae 133 cm adio 2.5 m yn 3.83 m

Anghywir! Mae'n 1.38 m

25 mm a 4.7 cm ydy 4.95 cm

Nage! 72 mm ydy'r ateb

Wrth dynnu 17 mm o 3.2 cm rwy'n cael 1.5 cm

Nac wyt, rwyt ti'n cael 3.03 cm

5

Uned un

Am gêm

Dyma gêm i'w chwarae gyda ffrind. Bydd arnoch angen pensil lliw bob un.
1. Yn eich tro, dewiswch rif o'r blwch melyn a rhif o'r blwch gwyrdd.
2. Gallwch dynnu neu adio'r ddau rif.
3. Os yw'r ateb yn y grid, lliwiwch ei sgwâr.

Yr enillydd yw'r cyntaf i gael pedwar mewn llinell.
Gall y llinell fod yn llorweddol, yn fertigol neu'n groeslin.

Melyn: 58   41   64   76   123

Gwyrdd: 106   88   251   92

182	210	152	193	128	170
17	146	48	47	129	168
327	51	374	164	35	175
292	315	34	187	42	150
229	22	309	30	147	31
65	133	12	211	28	156

Dewch i ymchwilio!

Gofynnwch i bump o bobl pa mor dal ydyn nhw. Ysgrifennwch hyn yn y tabl.

Enw					
Taldra					

★ Petai'r pump yn gorwedd mewn llinell, traed wrth ben, ar iard yr ysgol, beth fyddai hyd y llinell? ....

★ Ydy hyd y llinell yn fwy na 5 metr? Faint yn hirach ydy hi? ....

★ Faint yn fyrrach na 10 metr ydy'r llinell? ....

Dysgwch y ffeithiau lluosi hyn cyn dechrau ar Uned Dau

$3 \times 4 = 12$	$7 \times 5 = 35$	$5 \times 9 = 45$	$6 \times 4 = 24$
$9 \times 0 = 0$	$6 \times 8 = 48$	$9 \times 3 = 27$	$6 \times 7 = 42$
$9 \times 9 = 81$	$6 \times 6 = 36$	$9 \times 7 = 63$	$8 \times 9 = 72$

UNED DAU Lluosi

Yn yr Uned hon byddwch yn dysgu:

★ sut mae lluosi yn gweithio
★ ffyrdd i luosi rhifau yn eich pen ac ar bapur
★ defnyddio cyfrifiannell i ddatrys problemau go iawn
★ datrys problemau arian.

Cynhesu – ymarfer!

Cuddiwch y dudalen gyferbyn!

Dyma brawf ar y ffeithiau lluosi yn Uned Un:

$3 \times 4 =$ .... $7 \times 5 =$ .... $9 \times 3 =$ .... $6 \times 7 =$ ....
$6 \times 6 =$ .... $5 \times 9 =$ .... $9 \times 0 =$ .... $9 \times 7 =$ ....
$9 \times 9 =$ .... $6 \times 8 =$ .... $8 \times 9 =$ .... $6 \times 4 =$ ....

Cofiwch

Does dim ots ym mha drefn y mae'r rhifau mewn ffeithiau lluosi, mae'r ateb yr un fath.

$\boxed{4} \times \boxed{6} = 24$ $\boxed{6} \times \boxed{4} = 24$

Gallwch ailysgrifennu pob ffaith luosi fel ffaith rannu, fel hyn:

$24 \div \boxed{4} = \boxed{6}$ or $24 \div \boxed{6} = \boxed{4}$

Dysgwch y ffeithiau lluosi yn y prawf uchod fel ffeithiau rhannu yn barod ar gyfer Uned Tri.

Wyddoch chi?

Fe allwch chi wneud tabl 9 ar eich bysedd!
Daliwch eich dwylo fel hyn.
I gael 9×1 rhowch eich bawd chwith i lawr. Faint o fysedd sy'n dal i fyny … 9!
I gael 9×2 rhowch y bys nesaf yn unig i lawr. Mae'r bawd ar y chwith yn werth 10 a'r bysedd ar y dde yn werth 1 bob un … 18!
I gael 9×3 rhowch y trydydd bys yn unig i lawr. Mae'r bawd a'r bys ar y chwith yn werth 10 bob un a'r bysedd ar y dde yn werth 1 bob un … 27!

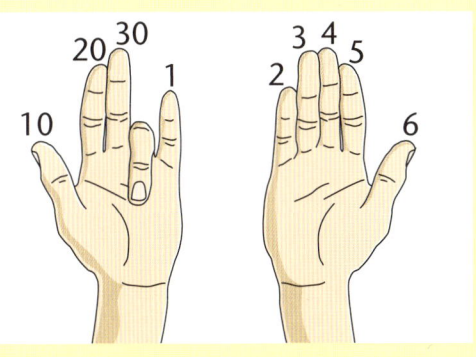

$9 \times 4 = 36$

Uned dau

Gwaith geiriau

set o   lluosi   grŵp o   lluosi â
tabl   dyblu   haneru
lluoswm   gwrthdro

Wyt ti'n gallu defnyddio pob un o'r geiriau yma mewn brawddeg fathemateg!

Gallaf, yn hawdd!

Allwch chi?

.... (lluosi)

.... (lluosi â)

.... (lluoswm)

.... (dwbl)

.... (set o)

Adeiladu sgiliau

Gwyliwch beth sy'n digwydd wrth i ni luosi â **10** ac â **100**. Dewiswch rif i'w luosi, er enghraifft **23**.

DM	M	C	D	U
			2	3
		2	3	0
	2	3	0	0

Dechrau â **23**

23×10 mae'r digidau yn symud un lle i'r chwith

23×100 mae'r digidau yn symud dau le i'r chwith

Lluoswch y rhifau hyn â 10:   27 ....   148 ....

Lluoswch y rhifau hyn â 100:   86 ....   791 ....

I luosi â **20**: lluoswch â **2** ac wedyn lluosi â **10**

$23 \times \mathbf{20} \longrightarrow 23 \times \mathbf{2} = 46 \longrightarrow 46 \times \mathbf{10} = 460$. Felly $23 \times \mathbf{20} = 460$

I luosi â **30**: lluoswch â **3** ac wedyn lluosi â **10**

$23 \times \mathbf{30} \longrightarrow 23 \times \mathbf{3} = 69 \longrightarrow 69 \times \mathbf{10} = 690$. Felly $23 \times \mathbf{30} = 690$

Sut byddech chi'n lluosi â 40?

Uned dau

Faint o blant fydd yn y côr?
Sut byddech chi'n dod o hyd i'r ateb?

Y Papur Dyddiol   29 Mai 2006

Bydd 7 ysgol yn anfon 26 disgybl yr un i ganu yn y Côr Ysgolion.

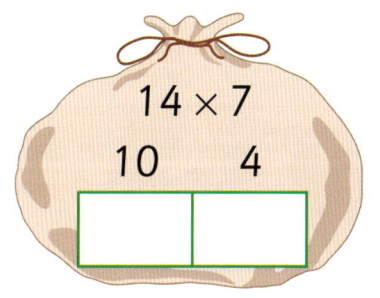

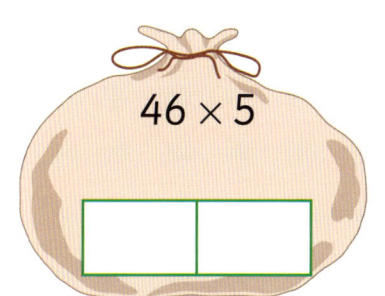

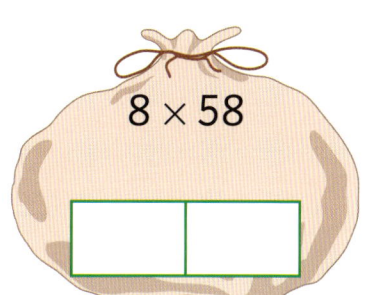

Dyma un ffordd o wneud 26 × 7:

```
       20     6
   7 | 140 | 42 | = 182
```

Rhowch gynnig ar y rhain:

14 × 7
10   4

24 × 6

37 × 7

46 × 5

8 × 58

9 × 67

Gallwch wneud rhai mwy anodd mewn ffordd debyg, fel hyn:

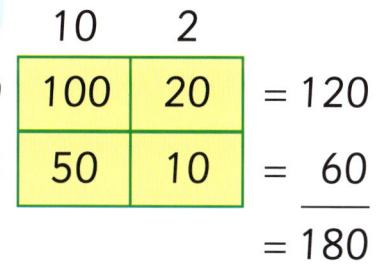

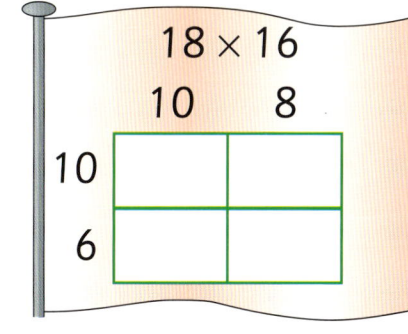

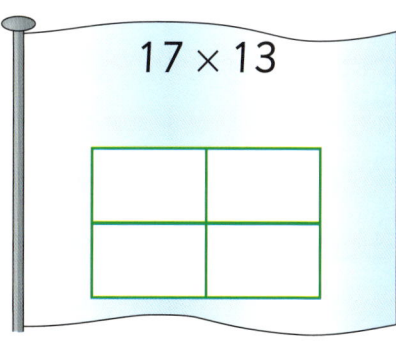

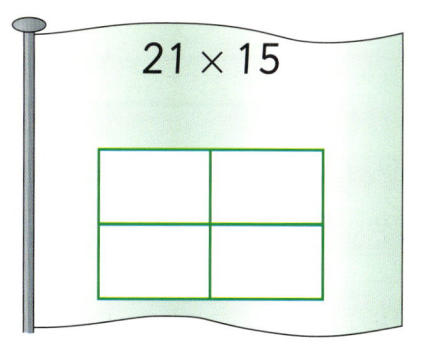

12 × 15

```
         10     2
    10 | 100 | 20 | = 120
     5 |  50 | 10 | =  60
                    = 180
```

18 × 16
     10   8
10
 6

17 × 13

21 × 15

9

Uned dau

Cracer o gwestiwn

Dangoswch eich gwaith cyfrifo

Cyfrifwch 8 × 53

Dangoswch eich gwaith cyfrifo

Mae siopwr wedi rhoi **14 tun** ar bob silff.
Mae ganddo **16 silff**.
Sawl **tun** sydd ganddo?

Atebwch y cwestiynau hyn. Rhowch yr atebion mewn punnoedd.

30c yr un

99c am 5

Mae Nia yn prynu **8 banana**.
Faint y mae hi'n ei wario?

Mae Jon yn prynu **15 afal**.
Faint y mae'n ei dalu am y cyfan?

Uned dau

Sôn am symiau
Trafodwch y rhain gyda ffrind.

Mae gen i ffordd dda o luosi â 5.
Rwyt ti'n **dyblu'r** 5 i gael 10 a **haneru'r** rhif arall. Mae'n gweithio!

$5 \times 18 =$ **dyblu** 5 i gael 10 a **haneru** 18 i gael 9
dyblu   haneru

$10 \times 9 = 90$ felly mae $5 \times 18 = 90$

Atebwch y rhain yn yr un ffordd:

$5 \times 14 =$ ☐ $5 \times 16 =$ ☐ $24 \times 5 =$ ☐ $28 \times 5 =$ ☐

Os yw'r rhif yn odrif, fel 5×13, dyma ffordd arall ...
dyblu'r 5 i gael 10, lluosi â 10 a **haneru'r** ateb:

$5 \times 13 =$ **dyblu** 5 i gael 10, lluosi â 10
dyblu

$10 \times 13 = 130$ a **haneru'r** ateb
      haneru

65 felly yr ateb yw $5 \times 13 = 65$

Atebwch y rhain yn yr un ffordd:

$5 \times 11 =$ ☐ $5 \times 15 =$ ☐ $17 \times 5 =$ ☐ $23 \times 5 =$ ☐

Ewch ati!

Faint fyddai cost siarad ar bob ffôn am 5 munud?

Ffôn Lôn
Cyfradd rad: dim ond 26c y funud

Siarad Gwag
Dim ond 29c y funud

PORFFOR
Ffoniwch am 24c y funud yn unig

Clebran
36c y funud, ddydd a nos

Sgwrs Symud
Pris: 55c y funud

Ar y ffordd
Cyfradd isel! 47c y funud

Uned dau

Dewch i ymchwilio!

Pa mor gyflym mae eich calon yn curo?
Sawl gwaith mae hi'n curo mewn:

munud? ....
awr? ....
diwrnod? ....
blwyddyn? ....

Sawl gwaith mae hi wedi curo yn ystod eich oes chi? ....

Am gêm

Dyma gêm i'w chwarae gyda ffrind.
Bydd arnoch angen cownteri dau wahanol liw,
neu bensil lliw bob un, a thri dis.

16	24	17
41	28	
45	26	15

1 Dewiswch rif oddi ar y poster.
2 Rholiwch y dis a lluosi'r rhif ar y dis â'r rhif a ddewisoch.
3 Os yw'r ateb yn y grid, rhowch gownter arno, neu liwio'r sgwâr.

Yr enillydd yw'r cyntaf i gael pedwar mewn llinell. Gall y llinell fod yn fertigol, yn llorweddol neu'n groeslin.

80	225	90	205	26	51
17	102	82	130	112	68
135	48	85	120	72	64
32	56	123	84	168	180
24	144	104	42	70	140
45	34	72	52	28	156

Pethau i'w dysgu: Cofiwch ddysgu ffeithiau rhannu yn barod ar gyfer Uned Tri!

UNED TRI Rhannu

Yn yr Uned hon byddwch yn dysgu:

★ ffyrdd i rannu rhifau yn eich pen ac ar bapur
★ rhannu â 10 ac â 100
★ talgrynnu i fyny neu i lawr ar ddiwedd cwestiwn rhannu
★ datrys problemau go iawn.

Cynhesu – ymarfer!

Dyma brawf ar y ffeithiau rhannu yn Uned Dau:

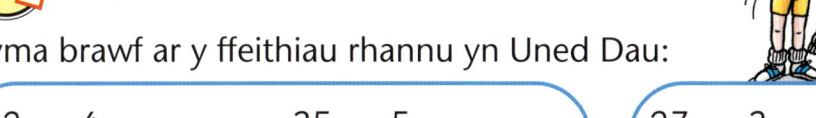

12 ÷ 4 = ...	35 ÷ 5 = ...
72 ÷ 8 = ...	45 ÷ 9 = ...
81 ÷ 9 = ...	48 ÷ 6 = ...
42 ÷ 7 = ...	63 ÷ 7 = ...
27 ÷ 9 = ...	24 ÷ 6 = ...

27 ÷ 3 = ...	42 ÷ 6 = ...
36 ÷ 6 = ...	63 ÷ 9 = ...
72 ÷ 9 = ...	24 ÷ 4 = ...
48 ÷ 8 = ...	45 ÷ 5 = ...
12 ÷ 3 = ...	35 ÷ 7 = ...

Cofiwch

Rhannu yw '**gwrthdro**' lluosi (ac felly, lluosi yw **gwrthdro** rhannu).
Mae hyn yn golygu bod un yn 'dadwneud' y llall, fel hyn:

30 ÷ 5 = 6   ac felly   5 × 6 = 30

Byddwch yn ofalus! – Mae trefn y rhifau **yn bwysig** mewn ffeithiau rhannu.
Nid yw'r atebion yr un fath.

24 ÷ 6 = 4   6 ÷ 24 = 0.25!

Gweithgaredd

Dewiswch dair o'r ffeithiau rhannu uchod ac ysgrifennwch frawddeg am bob un gan ddefnyddio'r geiriau '**wedi ei rannu'n gyfartal rhwng**', '**grŵp o**' ac '**wedi ei rannu â**' fel hyn: 'Mae 6 **grŵp o** 4 mewn 24.'

Uned tri

Gwaith geiriau

Ydych chi'n gwybod ystyr pob un o'r rhain? Ticiwch y rhai rydych chi'n eu gwybod yn iawn.

> rhannu   set o   wedi ei rannu â
> wedi ei rannu'n gyfartal rhwng   dyblu
> haneru   gweddill   gwrthdro   lluosrif

Adeiladu sgiliau

Gwyliwch beth sy'n digwydd wrth i ni rannu â **10** ac â **100**. Dewiswch rif i'w rannu, er enghraifft **4500**.

÷ **10**   mae pob digid yn symud un lle i'r dde

÷ **100**   mae pob digid yn symud dau le i'r dde

M	C	D	U
4	5	0	0
	4	5	0
		4	5

Cywir neu anghywir?

Pwy sy'n gywir? Ticiwch y datganiad cywir ym mhob pâr.

Yn fy marn i …

Yn fy marn i …

4600 wedi ei rannu'n gyfartal rhwng 10 yw 46	4600 wedi ei rannu'n gyfartal rhwng 10 yw 460
360 ÷ 10 = 36	360 ÷ 10 = 3600
2700 wedi ei rannu â 100 yw 270	2700 wedi ei rannu â 100 yw 27
65000 ÷ 100 = 65	65000 ÷ 100 = 650
Mae 97 grŵp o 100 mewn 9700	Mae 97 grŵp o 100 mewn 97 000

Uned tri

Gair i gall! *Os yw rhif yn rhannu'n union i rif arall, mae'r rhif cyntaf yn ffactor yr ail rif, felly mae 3 yn ffactor 12.*

Ysgrifennwch 5 o ffactorau 16

....

....

Ysgrifennwch 8 o ffactorau 24

....

....

Gair i gall! *Os yw rhif yn rhannu'n union i rif arall, mae'r ail rif yn lluosrif y cyntaf, felly mae 12 yn lluosrif 3.*

Ysgrifennwch 5 o luosrifau 4

....

....

Ysgrifennwch 5 o luosrifau 6

....

....

Am gêm

Dyma gêm i'w chwarae gyda ffrind. Bydd arnoch angen set o gardiau digid 0–9.

1. Yn eich tro, dewiswch 3 cherdyn.
2. Trefnwch nhw i wneud rhif 2 ddigid a rhif 1 digid.
3. Rhannwch y rhif 2 ddigid â'r rhif 1 digid.
4. Pwynt i chi os yw'r ateb yn rhif cyfan heb weddill, e.e. 12 ÷ 3.

[4] [5] ÷ [9]

Amrywiad: Sgoriwch bwynt am bob gwahanol ffordd y gallwch drefnu'r 3 cherdyn i roi ateb sy'n rhif cyfan wedi i chi rannu, e.e. 12 ÷ 3, 21 ÷ 3, 32 ÷ 1, 23 ÷ 1.

Pethau i'w dysgu ar gyfer Uned Pedwar

Ffordd arall o ddangos ffeithiau rhannu yw trwy ddefnyddio ffracsiynau, fel hyn:

Mae 12 ÷ 3 = 4 ac mae $\frac{1}{3}$ o 12 yn 4

Dyma ffeithiau rhannu wedi'u hysgrifennu trwy ddefnyddio ffracsiynau. Dysgwch nhw ar gyfer Uned Pedwar.

$\frac{1}{2}$ 16 = 8 $\frac{1}{4}$ 20 = 5 $\frac{1}{5}$ o 35 = 7 $\frac{1}{10}$ o 70 = 7 $\frac{1}{2}$ 18 = 9

$\frac{1}{8}$ o 24 = 3 $\frac{1}{3}$ o 21 = 7 $\frac{1}{6}$ o 36 = 6 $\frac{1}{9}$ o 63 = 7 $\frac{1}{7}$ o 56 = 8

Uned tri

Adeiladu sgiliau

Mae dwy wiwer yn rhannu eu mes i'w cuddio ar gyfer y gaeaf. Maen nhw'n gwneud pump o bentyrrau, fel hyn:

'Mae gennym 72 mesen. Beth am i ni ddechrau trwy roi 10 ym mhob pentwr. Dyna 50 wedi mynd, a 22 ar ôl. Fe allwn ni roi 4 arall ym mhob pentwr. Dyna 14 ym mhob pentwr a 2 dros ben.'

$$72 \div 5$$
$$-50 \quad 10 \times 5$$
$$22$$
$$-20 \quad 4 \times 5$$
$$2$$

Ateb: **14 gweddill 2**

Rhowch gynnig ar y rhain:

| 47 ÷ 4 | 56 ÷ 5 | 75 ÷ 6 |

| 78 ÷ 7 | 83 ÷ 8 | 102 ÷ 8 |

Sôn am symiau

Weithiau, nid yw'r gweddill yn gwneud synnwyr! Meddyliwch am hyn:

Mae 19 plentyn yn mynd ar daith mewn ceir. Mae lle i 4 plentyn ym mhob car. Sawl car sydd ei angen?

19 ÷ 4 = 4 gweddill 3
Beth yw ystyr hyn? Oes lle i'r plant i gyd?
Mae angen **5** car i gario'r plant i gyd.
Felly yr ateb yw 5 car!

Uned tri

⚡ Ewch ati!

Digon i Drin dy Dŷ

Hyd rholyn o bapur wal yw 4 metr. Mae Jenny am bapuro wal sydd â'i hyd yn 33 metr. Sawl rholyn fydd ei angen ar Jenny?

_____

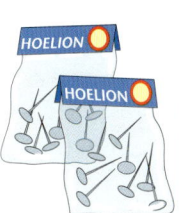

Pris tun paent yw £7. Sawl tun mae Dewi yn gallu ei brynu am £93?

_____

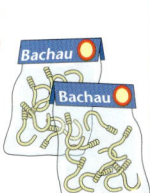

Sawl darn o linyn 5 m o hyd mae Ahmed yn gallu ei dorri o belen 42 m?

_____

Mae 8 hoelen mewn bag. Mae angen 106 hoelen ar Sonia. Sawl bag mae'n rhaid iddi ei brynu?

_____

Mae 134 bachyn yn cael eu rhoi mewn bagiau, fel bod 9 bachyn ym mhob bag. Sawl bag llawn fydd yna?

_____

Mae ffiwsiau wedi eu pacio mewn bagiau o 6. Sawl bag mae'n rhaid i Sam ei brynu er mwyn cael 87 ffiws?

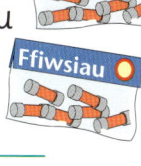

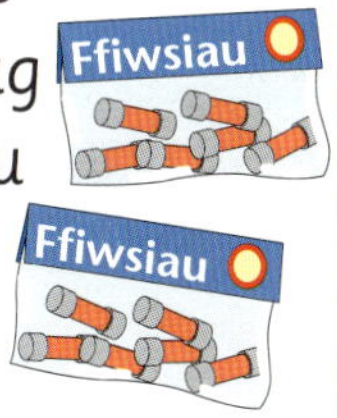

_____

🔍 Dewch i ymchwilio!

Ceisiwch ddarganfod sut i wybod a yw'n bosibl rhannu rhif â rhif arall heb adael gweddill.

2 Gallwch rannu unrhyw eilrif yn union â **2**, e.e. 34, 48 neu 346.

4 Os gallwch haneru eilrif i roi eilrif arall, yna gallwch ei rannu'n union â **4**, e.e. 24, 40 a 248.

Beth y gallwch chi ei ddweud am rifau y mae'n bosibl eu rhannu'n union â **5** ac â **10**? Ymchwiliwch i rifau eraill.

Uned tri

Cracer o gwestiwn

Dangoswch eich gwaith cyfrifo

Cyfrifwch 112 ÷ 9

Dangoswch eich gwaith cyfrifo

Mewn maes parcio, mae lle i 132 car ar chwe llawr.
Sawl lle parcio sydd ar bob llawr?

Atebwch y cwestiynau hyn.

Mae Delyth yn pacio wyau mewn bocsys o 6. Rhaid iddi bacio 117 wy.

Sawl bocs fydd ei angen?

Sawl bocs fydd yn llawn?

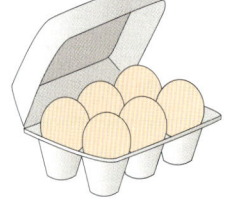

Mae gan Carol 107 ffotograff. Mae ganddi albwm sy'n dal 8 llun ar bob tudalen.

Sawl tudalen fydd ei hangen?

Sawl tudalen fydd yn llawn?

Pethau i'w dysgu: Cofiwch ddysgu'r ffeithiau ffracsiynau sydd ar dudalen 15!

UNED PEDWAR Ffracsiynau a Chanrannau

Yn yr Uned hon byddwch yn dysgu:

★ sut mae ffracsiynau a chanrannau yn gweithio
★ sut i newid ffracsiwn i'w ffurf symlaf
★ sut i drefnu rhifau cymysg
★ sut i ddatrys problemau sy'n cynnwys ffracsiynau a chanrannau.

Cynhesu – ymarfer!

Dyma brawf ar y ffeithiau rhannu yn Uned Tri:

$\frac{1}{2}$ 16 = ... $\frac{1}{3}$ o 21 = ... $\frac{1}{10}$ o 70 = ... $\frac{1}{7}$ o 56 = ... $\frac{1}{2}$ 18 = ...

$\frac{1}{8}$ o 24 = ... $\frac{1}{5}$ o 35 = ... $\frac{1}{6}$ o 36 = ... $\frac{1}{9}$ o 63 = ... $\frac{1}{4}$ 20 = ...

Gwaith geiriau

Ydych chi'n gwybod ystyr pob un o'r rhain?
Trafodwch nhw gyda phartner.
Rhowch gylch o amgylch y rhai rydych chi'n eu gwybod yn iawn.

ffracsiwn	rhifiadur
rhif cymysg	enwadur
cywerth	canran
y cant	canfed

Dewiswch un o'r rhain i gwblhau pob brawddeg:

Mae un hanner yn .... â dau chwarter.

Yr .... yn y ffracsiwn $\frac{3}{4}$ yw 4.

Dywedwn fod $2\frac{1}{4}$ yn ....

Wrth ysgrifennu tri chwarter ar ffurf .... , mae'n 75%

5 yw'r .... yn y ffracsiwn $\frac{5}{8}$.

Cywir neu anghywir? Harri'r Wythfed wnaeth ddyfeisio ffracsiynau.

Uned pedwar

Cawn ffracsiwn wrth rannu rhywbeth yn rhannau cyfartal, er enghraifft grŵp o blant, bar o siocled, prisiau pethau.

Pan gafodd plant eu holi, dywedodd 2/5 eu bod wedi gwylio'r ffilm deledu ddydd Nadolig.

Tocynnau ½ pris!

1/3 oddi ar bris popeth!

DYN YN BWYTA 3/4 BAR SIOCLED MEWN 5 MUNUD!

Adeiladu sgiliau

Mae'r rhif ar waelod y ffracsiwn (yr enwadur) yn dangos i sawl darn cyfartal y cafodd rhywbeth ei rannu.

Mae'r rhif ar ben y ffracsiwn (y rhifiadur) yn dangos faint o'r darnau hynny sydd gennym ni.

$\dfrac{3}{4}$ rhifiadur / enwadur

Mae $\dfrac{3}{4}$ bar siocled wedi ei rannu yn 4 darn cyfartal ac mae 3 o'r darnau hynny yn y llun.

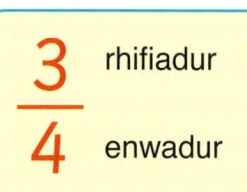

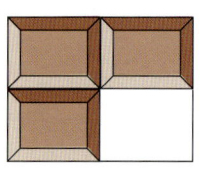

Dyma ffracsiynau sy'n gywerth – maen nhw'n golygu yr un peth! Welwch chi pam?

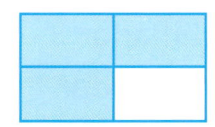

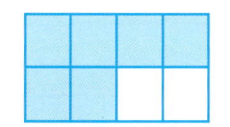

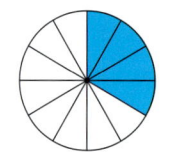

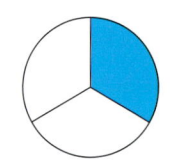

Edrychwch ar y rhifau yn y parau o ffracsiynau cywerth.

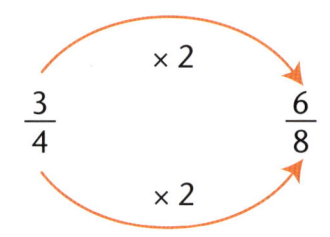

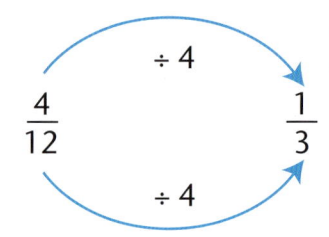

$\dfrac{3}{4}$ ×2 → $\dfrac{6}{8}$ $\dfrac{4}{12}$ ÷4 → $\dfrac{1}{3}$

Gair i gall! Os gwnewch chi luosi neu rannu'r rhifiadur a hefyd yr enwadur â'r un rhif, bydd y ffracsiwn yn gywerth.

Ticiwch bob ffracsiwn sy'n gywerth â'r ffracsiwn yn y seren.

★ $\dfrac{1}{3}$ $\dfrac{2}{6}$ $\dfrac{10}{30}$ $\dfrac{2}{4}$ $\dfrac{1}{2}$ $\dfrac{3}{9}$ $\dfrac{7}{21}$ $\dfrac{2}{8}$ $\dfrac{5}{15}$

★ $\dfrac{10}{100}$ $\dfrac{1}{10}$ $\dfrac{10}{30}$ $\dfrac{2}{50}$ $\dfrac{1}{2}$ $\dfrac{5}{50}$ $\dfrac{2}{20}$ $\dfrac{2}{8}$ $\dfrac{5}{15}$

Uned pedwar

Sôn am symiau

Weithiau, mae'n haws defnyddio'r *ffracsiwn symlaf* wrth ddatrys problemau.

$\dfrac{6}{24}$ $\dfrac{22}{88}$ $\dfrac{36}{144}$ $\dfrac{1}{4}$ $\dfrac{14}{56}$ $\dfrac{4}{16}$ $\dfrac{3}{12}$ $\dfrac{100}{400}$

Pa un o'r rhain fyddai'r ffracsiwn symlaf i'w ddefnyddio wrth gyfrifo, yn eich barn chi? Pam? Gofynnwch i'ch partner a yw'n cytuno.

Adeiladu sgiliau

I gael y ffracsiwn symlaf, sef newid ffracsiwn i'w *ffurf symlaf*, rhaid yn gyntaf ddod o hyd i rif sydd yn rhannu'n union i'r enwadur a'r rhifiadur. Yna, rhannwch y ddau â'r rhif hwnnw.

$\dfrac{6}{24}$ mae 2 yn rhannu'n union i'r ddau, gan roi $\dfrac{3}{12}$

Daliwch ati i wneud hyn nes methu rhannu'r ffracsiwn ymhellach.

$\dfrac{3}{12}$ mae 3 yn rhannu'n union i'r ddau, gan roi $\dfrac{1}{4}$

Sylwoch chi y gallech rannu $\dfrac{6}{24}$ â 6 a chyrraedd yr un ateb mewn un cam?

Gair i gall! *Bob tro, dewiswch y rhif mwyaf sy'n rhannu i'r enwadur a'r rhifiadur.*

Newidiwch y ffracsiynau hyn i'w ffurf symlaf:

$\dfrac{8}{16}$ = ... $\dfrac{9}{27}$ = ... $\dfrac{12}{60}$ = ... $\dfrac{5}{45}$ = ... $\dfrac{13}{65}$ = ... $\dfrac{24}{72}$ = ...

$\dfrac{8}{10}$ = ... $\dfrac{10}{35}$ = ... $\dfrac{12}{32}$ = ... $\dfrac{16}{20}$ = ... $\dfrac{25}{60}$ = ... $\dfrac{18}{27}$ = ...

Beth sy'n tynnu eich sylw ynghylch ffurfiau symlaf y ffracsiynau mewn glas o'u cymharu â'r rhai mewn coch?

Uned pedwar

Adeiladu sgiliau

Hyd y ffilm *Rhyfel y Sêr 2* yw $3\frac{1}{2}$ awr.

Mae $3\frac{1}{2}$ yn **rhif cymysg** gan fod yna rif cyfan (3) a ffracsiwn ($\frac{1}{2}$).

Dyma hyd gwahanol ffilmiau, mewn oriau: $1\frac{3}{4}$ $2\frac{1}{4}$ $1\frac{1}{4}$ $2\frac{1}{2}$ $2\frac{3}{4}$

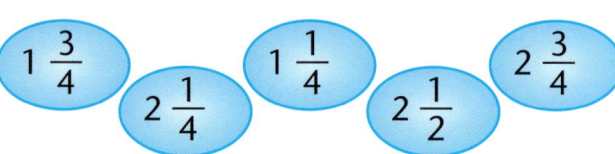

Gallwn roi'r rhifau cymysg yn eu trefn fel hyn:

1 Cymharu'r rhifau cyfan yn gyntaf.
2 Os yw'r rhifau cyfan yr un fath, cymharu'r ffracsiynau.

Ysgrifennwch y rhifau cymysg yn eu trefn, y lleiaf yn gyntaf.

Cracer o gwestiwn

Trefnwch y ffracsiynau hyn o'r mwyaf i'r lleiaf:

$5\frac{1}{2}$ $5\frac{3}{5}$ $4\frac{4}{5}$ $5\frac{1}{5}$ $5\frac{4}{5}$

Rhowch y ffracsiynau hyn yn eu trefn a'u marcio ar y llinell rif:

$2\frac{1}{2}$ $1\frac{3}{4}$ $2\frac{1}{4}$ $\frac{3}{4}$ $2\frac{3}{4}$

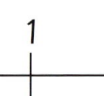

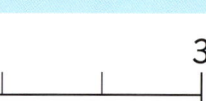

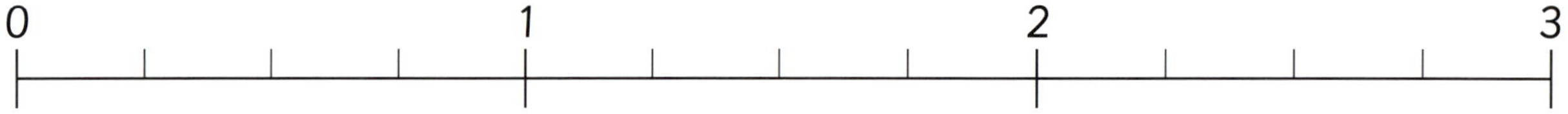

0 — 1 — 2 — 3

Am gêm

Gêm i 2, 3 neu 4 chwaraewr. Ysgrifennwch 12 rhif cymysg rhwng 1 a 4 ar gardiau. Cymysgwch y cardiau a'u dosbarthu i bawb, yn bentyrrau â'u hwynebau i lawr. Cyfrwch i dri, yna rhaid i'r chwaraewyr droi eu cerdyn uchaf i'w ddangos. Y chwaraewr â'r rhif cymysg mwyaf sy'n cadw'r cardiau uchaf i gyd. Daw'r gêm i ben pan fydd un chwaraewr wedi ennill yr holl gardiau.

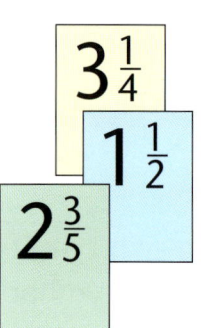

$3\frac{1}{4}$ $1\frac{1}{2}$ $2\frac{3}{5}$

Uned pedwar

Adeiladu sgiliau

30% o ostyngiad!
Sêl 10%
Cynnydd o 5%

Gallwn ddefnyddio'r symbol **%** i ddangos canrannau. Mae '**y cant**' yn golygu 'allan o bob cant'.

Mae 30 y cant yn golygu 30 allan o 100.

$$30\% = \frac{30}{100}$$

Mae ffracsiynau a chanrannau yn perthyn yn agos. Mewn gwirionedd, ffracsiwn â'i **rifiadur** yn 100 yw canran.

Ysgrifennwch y canrannau hyn ar ffurf ffracsiynau ac, os yw'n bosibl, newidiwch y ffracsiynau i'w ffurf symlaf.

50% = ...   25% = ...   10% = ...

75% = ...   5% = ...   12% = ...

Ewch ati!

Defnyddiwch y llinell i'ch helpu i ddod o hyd i'r canran.

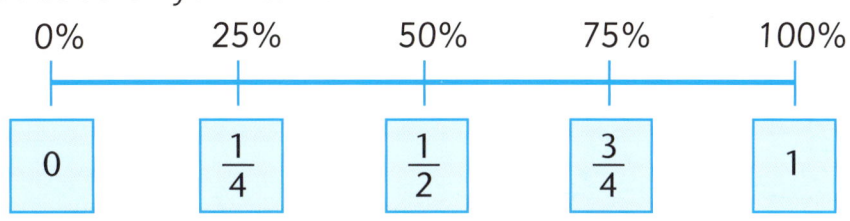

0%   25%   50%   75%   100%

0     $\frac{1}{4}$ $\frac{1}{2}$ $\frac{3}{4}$ 1

I gael 50% o rywbeth, chwiliwch am $\frac{1}{2}$

I gael 25% chwiliwch am $\frac{1}{4}$

I gael 75% chwiliwch am $\frac{3}{4}$

Dewch o hyd i'r prisiau newydd:

Sêl 50%
Hen bris £8 Nawr 
Hen bris £12 Nawr 
Hen bris £15 Nawr

Sêl 25%
Hen bris £16 Nawr 
Hen bris £24 Nawr 
Hen bris £60 Nawr

Sêl 75%
Hen bris £40 Nawr
Hen bris £60 Nawr 
Hen bris £200 Nawr

Uned pedwar

🔍 Dewch i ymchwilio!

Un o'r ffyrdd gorau o gyfrifo canrannau eraill rhif yw dod o hyd i **10%** yn gyntaf, wedyn gallwch: ei ddyblu i gael 20%,
  ei haneru i gael 5%, ac ati.

Sut mae dod o hyd i **10%** o rif?
Wedyn, sut mae dod o hyd i 40%, neu 30%? Beth am 80%?
Dewiswch luosrifau 10, er enghraifft 50, 90 neu 150. Yn gyntaf, cyfrifwch 10% o bob un, wedyn ysgrifennwch gymaint ag y gallwch o ganrannau eraill y rhifau hyn.

....
....
....
....

💡 Ewch ati!

Gweithiwch gyda phartner i benderfynu pa un fyddai orau gennych chi:

75% o £40   neu   25% o £80

20% o £70   neu   60% o £20

5% o £100   neu   30% o £20

90% o £50   neu   10% o £400

35% o £60   neu   70% o £90

Pethau i'w dysgu ar gyfer Uned Pump

Dyma ffeithiau lluosi a rhannu, tebyg i'r rhai a gawsoch yn Unedau eraill y llyfr. Cofiwch sut i wneud y rhain cyn dechrau ar Uned Pump.

40 × 10 = 400	95 × 10 = 950	10 × 200 = 2000
100 × 50 = 5000	63 × 100 = 6300	100 × 99 = 9900
200 ÷ 10 = 20	450 ÷ 10 = 45	730 ÷ 10 = 73
300 ÷ 100 = 3	6000 ÷ 100 = 60	8700 ÷ 100 = 87

UNED PUMP Gwerth Lle a Degolion

Yn yr Uned hon byddwch yn dysgu:

★ sut i ysgrifennu rhifau mawr mewn ffigurau a geiriau
★ sut i dalgrynnu rhifau mawr
★ sut i roi rhifau mawr yn nhrefn eu maint
★ am ddegolion, gan gynnwys sut i adio degolion.

Cynhesu – ymarfer!

Cuddiwch y dudalen gyferbyn!

Dyma brawf ar y ffeithiau lluosi a rhannu yn Uned Pedwar:

200 ÷ 10 = ...   100 × 99 = ...   10 × 200 = ...
100 × 50 = ...   300 ÷ 100 = ...   6000 ÷ 100 = ...
95 × 10 = ...   40 × 10 = ...   450 ÷ 10 = ...
730 ÷ 10 = ...   63 × 100 = ...   8700 ÷ 100 = ...

Cofiwch!

Wrth **luosi** â 10 ac â 100 mae pob digid yn symud i'r **chwith**

M	C	D	U
		6	2
	6	2	0
6	2	0	0

felly mae 62 × 10 yn rhoi 620
felly mae 62 × 100 yn rhoi 6200

Wrth **rannu** â 10 ac â 100 mae pob digid yn symud i'r **dde**

M	C	D	U
3	7	0	0
	3	7	0
		3	7

felly mae 3700 ÷ 10 yn rhoi 370
felly mae 3700 ÷ 100 yn rhoi 37

Dewch i ymchwilio!

7 4 3

Faint o rifau gwahanol y gallwch chi eu gwneud â'r 3 digid hyn?
34, 743, ...

....

Nawr, ceisiwch eu hysgrifennu yn eu trefn, y lleiaf yn gyntaf.

....

Archwiliwch i weld faint o rifau gwahanol y gallwch eu gwneud wrth ddefnyddio 4 digid.

25

Uned pump

Gwaith geiriau

digid	rhifolyn	gwerth lle	talgrynnu i lawr
llai na	degolyn	yn fras	pwynt degol
talgrynnu i fyny	lle degol	mwy na

Dyma her i chi. Ysgrifennwch frawddegau am y rhifau isod trwy ddefnyddio rhai o'r geiriau sydd yn y blwch.

3 ....
67 ....
106 ....
5.9 ....
7.02 ....

Adeiladu sgiliau

Pa mor dda ydych chi am ysgrifennu rhifau mawr mewn ffigurau a geiriau?

Mae'n syniad da defnyddio colofnau a rhoi pennawd i bob un, er mwyn gwahanu'r miloedd, y cannoedd, y degau a'r unedau oddi wrth ei gilydd. Byddwn yn rhoi bwlch i wahanu'r miloedd hefyd, fel hyn: **635 294**

Can miloedd	Deg miloedd	Miloedd	Cannoedd	Degau	Unedau
6	3	5	2	9	4

Chwe chant tri deg pump mil, dau gant naw deg pedwar

Ysgrifennwch y rhifau hyn mewn geiriau:	428 916
	281 532
	506 291

26

Uned pump

Ewch ati! Ysgrifennwch mewn geiriau y rhifau sydd yn yr adroddiadau hyn.

Papur y Dydd 26 Ebrill 2006
Daeth 74 251 o bobl i Stadiwm y Mileniwm neithiwr i wylio Cymru yn chwarae.

....

Y Papur Sul 31 Gorffennaf 2005
Enillodd Mrs Parry, Pontfechan, £254 071 ar y loteri ddoe. Mae hi'n bwriadu mynd ar wyliau ond bydd yn rhannu'r gweddill rhwng ei phlant.

....

Baner Bro 4 Awst 2005
Roedd y grŵp Genod Gwyllt yn chwarae o flaen torf o 12 009 yng Ngwynedd neithiwr. Cafodd y

....

Cwis! Ysgrifennwch y rhifau hyn ar ffurf rhifolion. Gwiriwch eich atebion gyda'ch partner.

Uchder Mynydd Everest yw dau ddeg naw mil a thri deg troedfedd.

Arwynebedd Môr Caspia yw tri chant saith deg mil ac wyth deg cilometr sgwâr.

Arwynebedd Gwlad yr Iâ yw cant a thri mil a deg cilometr sgwâr.

Am gêm

Dyma gêm i ddau neu ragor o chwaraewyr. Bydd arnoch angen cardiau digid 0–9.

1 Yn eich tro, trowch 5 cerdyn bob un a gwnewch y rhif mwyaf posibl.
2 Cymharwch y rhifau. Darllenwch eich rhif yn uchel.
3 Pwynt i chi am gael y rhif mwyaf os ydych wedi ei ddarllen yn gywir.

9 7 4 3 2

Yr enillydd yw'r cyntaf i sgorio 11 pwynt.

27

Uned pump

Adeiladu sgiliau

Edrychwch ar nifer y bobl oedd yn y gêm:

Caerdydd yn erbyn Abertawe — 20 000

Ydych chi'n meddwl mai 20 000 yn union oedd yn y gêm?
Mae'r nifer wedi ei **dalgrynnu** i'r 1000 agosaf er mwyn cael y nifer yn fras.
Mae rhifau mawr yn cael eu talgrynnu yn aml, er enghraifft:

- Poblogaeth Gwlad yr Iâ yw 300 000
- Gwerthiant recordiau yr wythnos hon oedd 75 000
- Arwynebedd Gwledydd Prydain yw 230 000 km²
- Diamedr Gwener yw 12 000 km

> Mae llinell rif yn gallu ein helpu i dalgrynnu rhifau. Gadewch i ni ddechrau trwy dalgrynnu 683 i'r **100** agosaf.

Tynnwch linell ac ar bob pen rhowch 600 a 700, oherwydd bod 683 yn rhywle rhwng y rhain. Yna marciwch yn fras lle byddai 683:

```
600                          683        700
 |————————————————————————————↓———————————|
```

Mae 683 yn agosach at 700 nag at 600, felly mae'n cael ei dalgrynnu i 700.   683 → **700**

Talgrynnwch y rhifau hyn i'r **100** agosaf.

662 → ☐   639 → ☐   648 → ☐

385 → ☐   156 → ☐   860 → ☐

Talgrynnwch y rhifau hyn i'r 1000 agosaf yn yr un ffordd.

3628 → ....   3251 → ....   3499 → ....

```
3000                                              4000
 |—————————————————————————————————————————————————|
```

Tua faint o bobl oedd yn y gêm rhwng Caerdydd ac Abertawe tybed? Pam rydych chi'n meddwl hynny?

....

Uned pump

Sôn am symiau

Weithiau mae'r rhif sydd i'w dalgrynnu yn union yn y canol, fel y rhain:

500　　　　550　　　　600　　3000　　　　3500　　　　4000

Beth wnawn ni nawr? Sut gallwn ni dalgrynnu 6500 i'r 1000 agosaf?

Cracer o gwestiwn

Mae'r canlyniadau hyn i gyd yn rhifau degol. Byddwn yn defnyddio degolion os bydd yr uned sydd gennym, er enghraifft y metr neu'r eiliad, yn rhy fawr a bod yn rhaid ei hollti'n rhannau llai.

newyddion * amser a phellter enillwyr yn y Gemau Olympaidd *** newyddion**

| 100 metr | 9.78 eiliad | 400 metr | 44.21 eiliad |
| Naid hir | 8.43 m | Codi pwysau | 137.07 kg |

Mae **9.78** eiliad yn golygu **9** eiliad cyfan, **7** degfed o eiliad ac **8** canfed o eiliad.
Gallwn ddangos hyn mewn colofnau:　　　　U . d c
　　　　　　　　　　　　　　　　　　　　9 . 7 8

Beth yw gwerth y digid coch ym mhob un o'r rhifau hyn?

8.4**3** ....　　44.**2**1 ....　　137.0**7** ....

20.8**2** ....　　156.**1**7 ....　　400.0**8** ....

Cymharwch y blwch isod â'r un ar dudalen 25.
Edrychwch ar y colofnau i weld beth sy'n digwydd wrth luosi a rhannu â 10 ac â 100.

Ffeithiau

Wrth **luosi** â 10 ac â 100 mae pob digid yn symud i'r **chwith**

D	U	.	d	c
		.	5	7
	5	.	7	0
5	7	.	0	0

felly mae 0.57 × 10 yn rhoi 5.7
felly mae 0.57 × 100 yn rhoi 57

Wrth **rannu** â 10 ac â 100 mae pob digid yn symud i'r **dde**

D	U	.	d	c
2	4	.	0	0
	2	.	4	0
		.	2	4

felly mae 24 ÷ 10 yn rhoi 2.4
felly mae 24 ÷ 100 yn rhoi 0.24

Uned pump

Dewch i ymchwilio!

Mae gan y sgwâr hwn wyth smotyn ar ei ochrau ac un yn y canol. Wrth ymyl pob smotyn, mae gwerth arbennig. Gallwn dynnu llun llythyren â rhai o'r smotiau, ac wedyn *adio gwerth y smotiau hynny* i gyfrifo gwerth y llythyren.

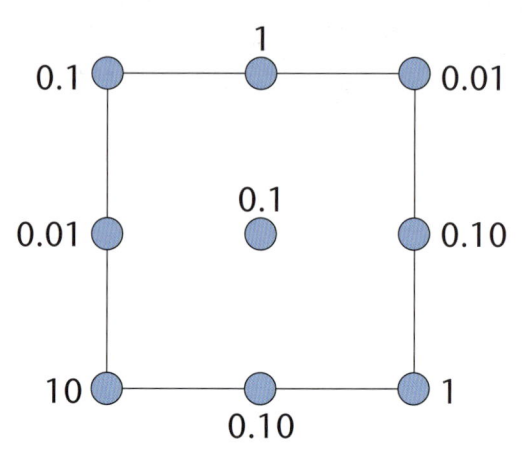

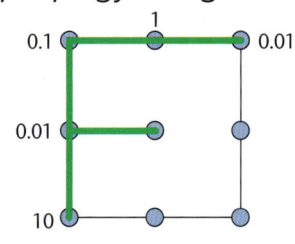

Mae'r llythyren F hon yn werth 10 + 0.01 + 0.1 + 1 + 0.01 = 11.12

Cyfrifwch werth y llythrennau hyn.

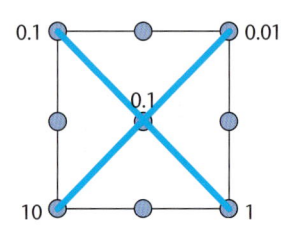

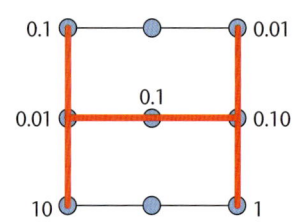

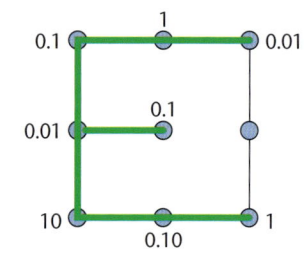

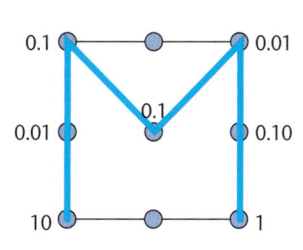

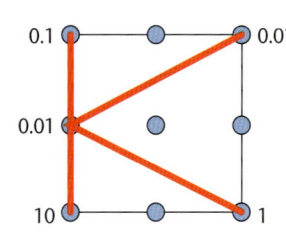

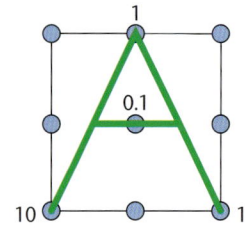

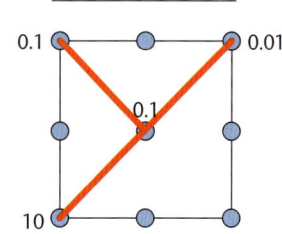

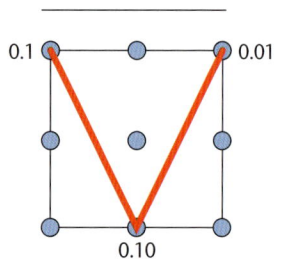

Pa lythyren sydd â'r gwerth mwyaf? .... gwerth lleiaf? ....

Allwch chi ddod o hyd i lythrennau eraill â gwerth mwy na'r rhain, neu werth llai?

Faint yw gwerth eich enw chi? ....

Pethau i'w dysgu ar gyfer Uned Chwech

Dysgwch luosrifau
7   7, 14, 21, 28, 35, 42, 49, 56, 63, 70 …
8   8, 16, 24, 32, 40, 48, 56, 64, 72, 80 …
9   9, 18, 27, 36, 45, 54, 63, 72, 81, 90 …

UNED CHWECH Patrymau Rhifau

Yn yr Uned hon byddwch yn dysgu:

★ sut i archwilio patrymau rhifau a pharhau â phatrymau
★ sut i ddisgrifio'r patrymau mewn dilyniant
★ am rifau sgwâr, lluosrifau a ffactorau
★ defnyddio fformiwla syml.

Cynhesu – ymarfer!

Cuddiwch y dudalen gyferbyn!

Dyma brawf ar y lluosrifau yn Uned Pump:

Rhowch gylch o gwmpas unrhyw luosrif 7 ⑦. Rhowch sgwâr o gwmpas unrhyw luosrif 8 ☐8. Rhowch driongl o gwmpas unrhyw luosrif 9 △9. Efallai y bydd angen dau siâp o gwmpas rhai o'r rhifau!

21   64   35   81   63   54   56

45   49   42   72   48   36

Gwaith geiriau

| lluosrif   ffactor   rhif sgwâr   dilynol   yn cynyddu   yn lleihau |
| gwahaniaeth   negatif   patrwm rhifau   dilyniant   fformiwla   positif |

Pwy sy'n dweud y gwir am y patrwm rhifau hwn? (Ticiwch y brawddegau cywir.)

27 24 21 18 15 12 9 …

- Mae'r rhifau yn lluosrifau 3.
- Mae 3 yn ffactor pob un o'r rhifau.
- Mae'r rhifau yn y dilyniant yn rhifau negatif.
- Y gwahaniaeth rhwng 27 a 24 yw 3.
- Mae'r rhifau yn y dilyniant yn cynyddu 3 bob tro.
- Mae'r rhifau yn rhifau positif.
- Mae'r rhifau yn y dilyniant yn lleihau 3 bob tro.

Uned chwech

Adeiladu sgiliau

Faint o sgwariau bach sydd ym mhob un o'r lluniau hyn?
O dan bob un, ysgrifennwch nifer y sgwariau.

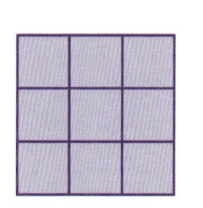

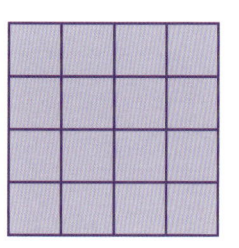

_____   _____   _____   _____

Wyddoch chi beth yw'r enw ar y rhifau hyn? Maen nhw'n cael eu galw'n **rhifau sgwâr** oherwydd gallwn dynnu eu lluniau ar ffurf sgwariau.

Rydych chi'n cael rhif sgwâr wrth luosi rhif ag ef ei hun:
1 × 1   2 × 2   3 × 3   4 × 4   5 × 5

Byddwn yn defnyddio'r symbol ^{2} i ddangos '**wedi ei sgwario**'.
Felly mae 2^2 yn golygu 2 × 2. Am 2^2 gallwn ddweud '**dau wedi ei sgwario**' neu '**dau sgwâr**'. Mae 3^2 yn golygu 3 × 3, ac ati.

Edrychwch ar y rhestr hon o rifau sgwâr. Ysgrifennwch dri rhif nesaf y dilyniant.

1^2 2^2 3^2 4^2 5^2 6^2 ....

1   4   19   16   25   ....

Dewch i ymchwilio!

Sut cawsoch chi'r atebion? Gallwch ddefnyddio llinell wahaniaeth, fel hon:

gwahaniaeth   3   5   7   9   ....
            1   4   9   16   25
                                              ....

Parhewch â'r dilyniant gan ddefnyddio'r gwahaniaethau nes cyrraedd 144 (neu fwy!).

....

....

....

32

Uned chwech

Adeiladu sgiliau

I ddarganfod sut mae unrhyw ddilyniant yn parhau, edrychwch ar ddau rif dilynol ynddo a chyfrifo eu gwahaniaeth. Weithiau, mae'r gwahaniaeth yn aros yr un fath.

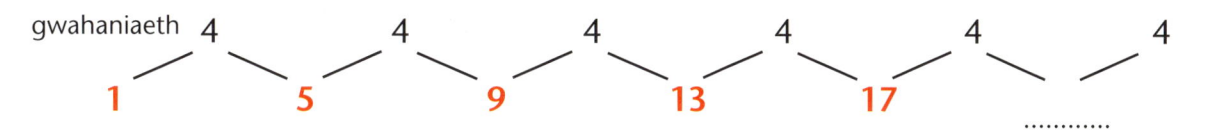

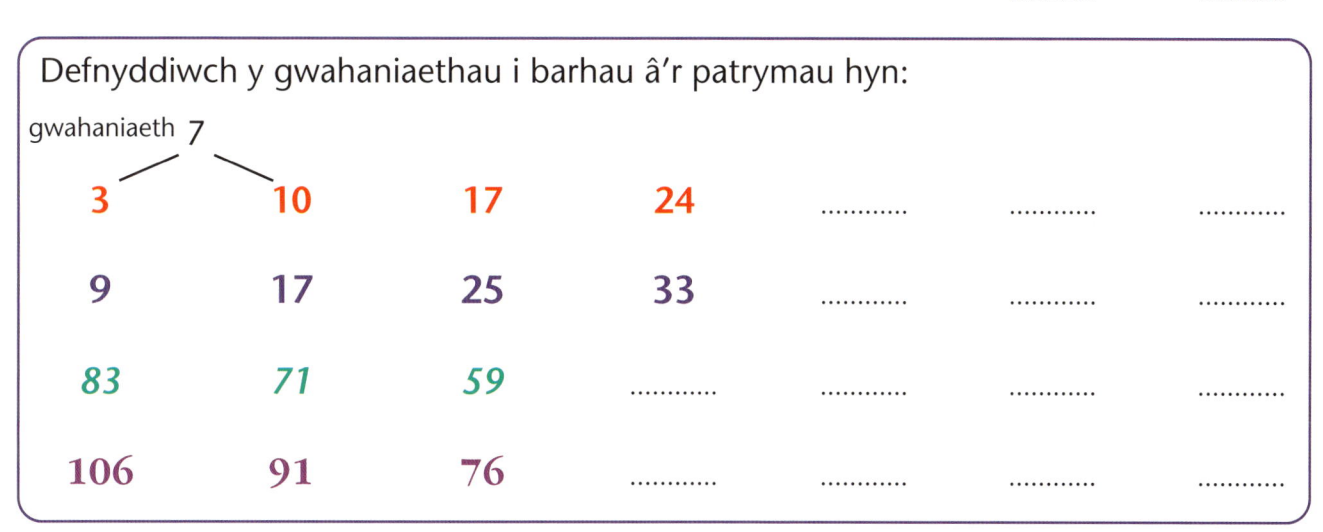

gwahaniaeth 4   4   4   4   4   4
 1   5   9   13   17   ....

Defnyddiwch y gwahaniaethau i barhau â'r patrymau hyn:

gwahaniaeth 7

3	10	17	24	....	....	....
9	17	25	33	....	....	....
83	*71*	*59*	....	....	....	....
106	91	76	....	....	....	....

Ceisiwch ddisgrifio i ffrind sut mae'r dilyniannau hyn yn gweithio. Defnyddiwch eiriau fel **cynyddu**, **lleihau**, **gwahaniaeth**.

Sôn am symiau

Gan bwy mae'r ateb gorau i'r cwestiwn hwn?

1   4   7   10   13   ...
Beth yw'r rhif nesaf yn y dilyniant?
Eglurwch sut cawsoch chi'r ateb.

Gwelais y patrwm a gwybod mai 16 oedd nesaf.

Mae'r rhifau yn y patrwm yn cynyddu 3 bob tro. Adiais 3 at 13 i gael 16, a dyna'r rhif nesaf.

16. Dyfalu wnes i.

Uned chwech

Ewch ati! Welwch chi batrymau rhifau yn y rhain?

Llythyr Llaeth Mae ein peiriannau diweddaraf yn gallu llenwi 5 potel laeth bob eiliad.

Herald Efrog Newydd Gwelwyd creaduriaid dieithr yn Springfield. Roedd pob un yn felyn a dim ond 8 bys oedd ganddyn nhw.

Comic Planed Plantos Bydd arnoch angen 4 potyn iogwrt ar gyfer pob model.

---

1 Llythyr Llaeth Sawl potel fydd yn cael ei llenwi mewn:

1 eiliad	2 eiliad	3 eiliad	4 eiliad	5 eiliad ...

Disgrifiwch y patrwm.
Sawl potel fydd yn cael ei llenwi mewn 10 eiliad?
Sut cawsoch chi'r ateb?

---

2 Herald Efrog Newydd Sawl bys sydd gan:

1 creadur	2 greadur	3 chreadur	4 creadur	5 creadur ...

Disgrifiwch y patrwm.
Sawl bys sydd gan 10 creadur?
Sut cawsoch chi'r ateb?

---

3 Comic Planed Plantos Sawl potyn iogwrt sydd ei angen i wneud:

1 model	2 fodel	3 model	4 model	5 model ...

Disgrifiwch y patrwm.
Sawl potyn iogwrt sydd ei angen i wneud 10 model?
Sut cawsoch chi'r ateb?

Uned chwech

Adeiladu sgiliau

> Edrychwch ar y Llythyr Llaeth gyferbyn. Mae'r peiriannau yn llenwi 5 potel mewn eiliad. Faint fydd yn cael eu llenwi mewn 100 neu 500 eiliad? Dyma ffordd dda o gael yr ateb.

A wnaethoch chi sylwi bod nifer y poteli sy'n cael eu llenwi bob amser yn bum gwaith cymaint â nifer yr eiliadau?

Dywedwn mai nifer y poteli sy'n cael eu llenwi yw: $5 \times n$
Mae'r n fel cod. Mae'n golygu 'nifer yr eiliadau'.
Y cyfan mae'n rhaid i ni ei wneud yw rhoi nifer yr eiliadau yn lle n yn y cwestiwn.

Felly nifer y poteli sy'n cael eu llenwi mewn 100 eiliad yw
$5 \times n$
$5 \times 100 = 500$

Nifer y poteli sy'n cael eu llenwi mewn 500 eiliad yw
$5 \times n$
$5 \times 500 = 2500$

Mae'r $5 \times n$ yn cael ei alw'n **fformiwla**.
Beth yw'r **fformiwlâu** ar gyfer y ddau adroddiad papur newydd arall?

Am gêm

Rhowch gynnig ar hon gyda ffrind.
Defnyddiwch y cyfrifiannell bob yn ail.

1. Dewiswch rif o'r blwch rhifau cychwyn isod, a rheol o'r blwch rheolau, e.e. 36 adio 11
2. Mae'r chwaraewr sydd â'r cyfrifiannell yn gwasgu'r botymau 36 + + 11 =
3. Heb edrych ar y cyfrifiannell, dechreuwch alw'r rhifau yn y dilyniant o'r rhif cychwyn ymlaen, gan ddefnyddio'r rheol,
   e.e. 36 (adio 11) 47 58 69 80 91 102
4. Rhowch y gorau iddi ar ôl mynd heibio i 100.
5. Mae'r chwaraewr sydd â'r cyfrifiannell yn gwasgu'r botwm = bob tro i wirio atebion y chwaraewr arall.

rhifau cychwyn:
1 11 19 27 36 41

rheolau:
adio 5   adio 11   adio 13   adio 21

Pwynt i chi os byddwch wedi dweud rhifau'r dilyniant yn gywir.
Yr enillydd yw'r cyntaf i sgorio 11 pwynt.

Wedyn fe allwch chi newid y rhif cychwyn a newid y rheol. Rhowch gynnig ar rifau cychwyn mwy, a dewis rhai rheolau sy'n defnyddio tynnu.

Uned chwech

Dewch i ymchwilio!

Dewiswch batrwm rhifau o'r rhestr isod. Lliwiwch ar y grid bob rhif sydd yn y dilyniant. Beth sy'n tynnu eich sylw?

1, 4, 7, 10, 13, 16

2, 5, 8, 11, 14, 17

3, 7, 11, 15, 19, 23

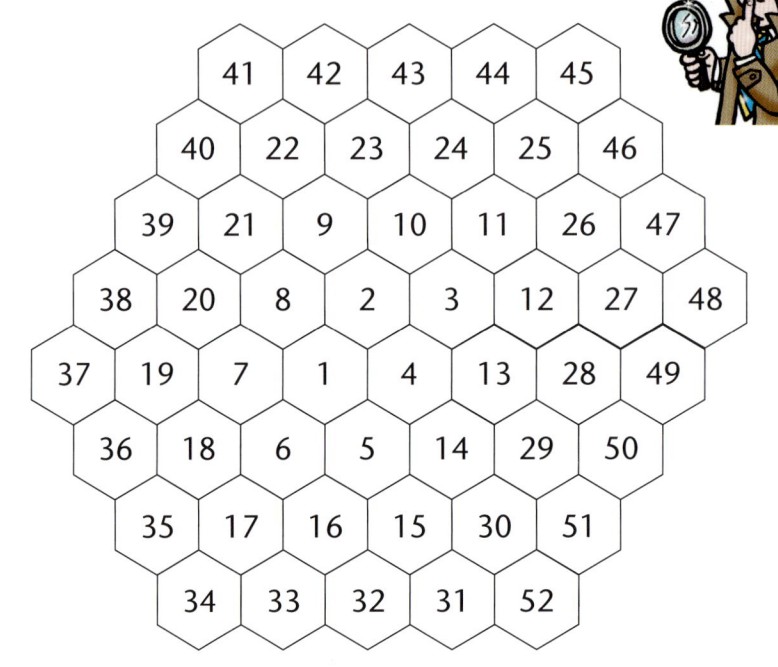

Pa ddilyniant sydd wedi ei liwio yma?

....

Defnyddiwch wahanol fathau o bapur sgwariau, trionglau neu hecsagonau. Ysgrifennwch rifau ar ffurf sbiral o bwynt canolog, fel yn y diagram hwn, ac wedyn archwiliwch ddilyniannau rhifau trwy liwio'r rhifau.

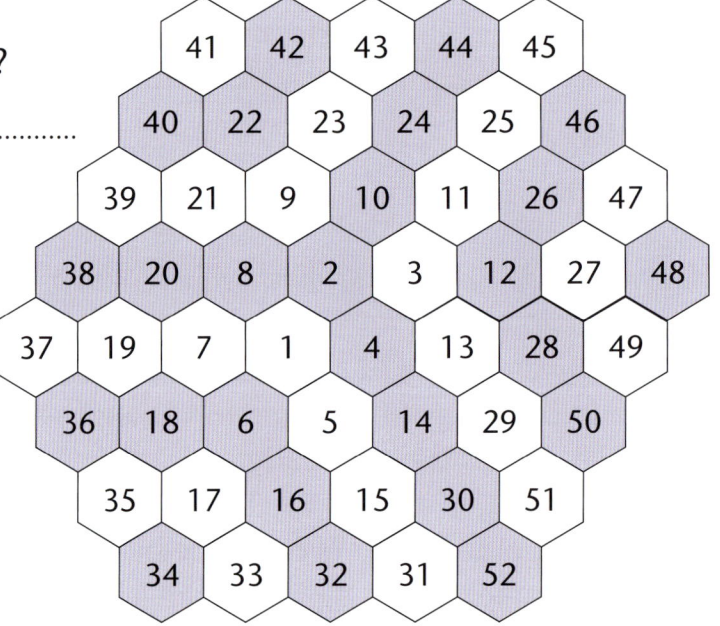

Ffeithiau am siapiau 2D i'w dysgu ar gyfer Uned Saith

Triongl hafalochrog – 3 ochr syth, i gyd yr un hyd
Triongl isosgeles – 3 ochr syth, 2 ohonyn nhw yr un hyd
Triongl anghyfochrog – 3 ochr syth, i gyd â hyd gwahanol
Pedrochr – 4 ochr syth   **Pentagon** – 5 ochr syth
Hecsagon – 6 ochr syth   **Octagon** – 8 ochr syth

UNED SAITH Siapiau 2D, Arwynebedd a Chyfesurynnau

Yn yr Uned hon byddwch yn dysgu:

- ★ rhagor am siapiau 2D
- ★ sut i adnabod llinellau paralel a pherpendicwlar
- ★ sut i ddod o hyd i arwynebedd siapiau
- ★ sut i ddefnyddio cyfesurynnau
- ★ am adlewyrchu a thrawsfudo.

Cynhesu – ymarfer!

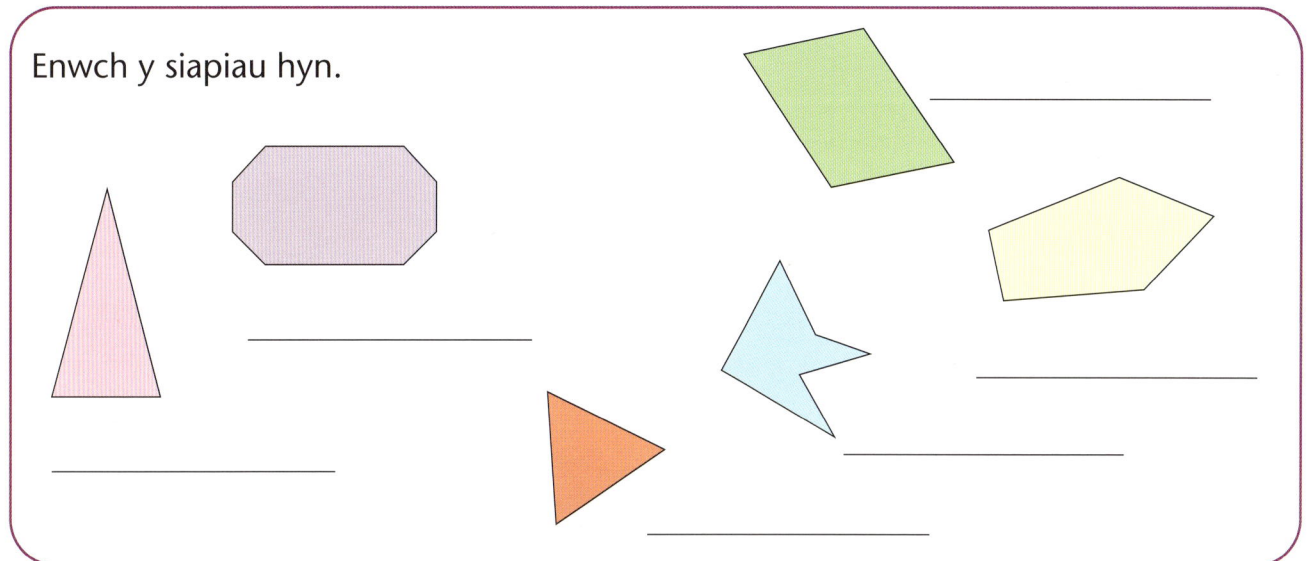

Enwch y siapiau hyn.

Dewch i ymchwilio!

Lluniwch y grid hwn ar bapur sgwariau a thynnwch ddwy linell goch fel y rhain. Torrwch ar hyd y llinellau coch i wneud pedwar darn sydd yr un fath. Rhowch gynnig ar ddefnyddio'r pedwar darn, heb eu gorgyffwrdd o gwbl, i wneud pob un o'r siapiau hyn.

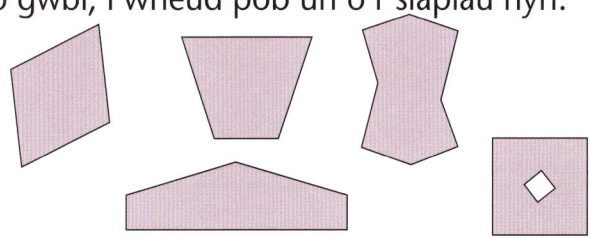

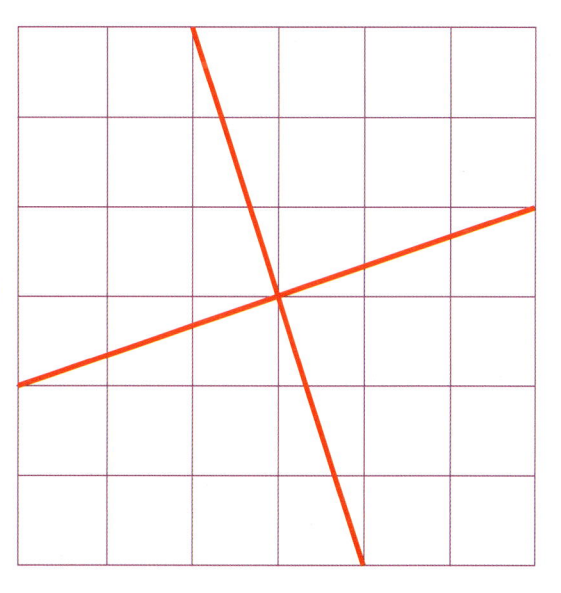

Sut byddech chi'n disgrifio pob siâp? Allwch chi wneud siapiau eraill?

Uned saith

Gwaith geiriau

Allwch chi enwi pob siâp sydd ar y grid?

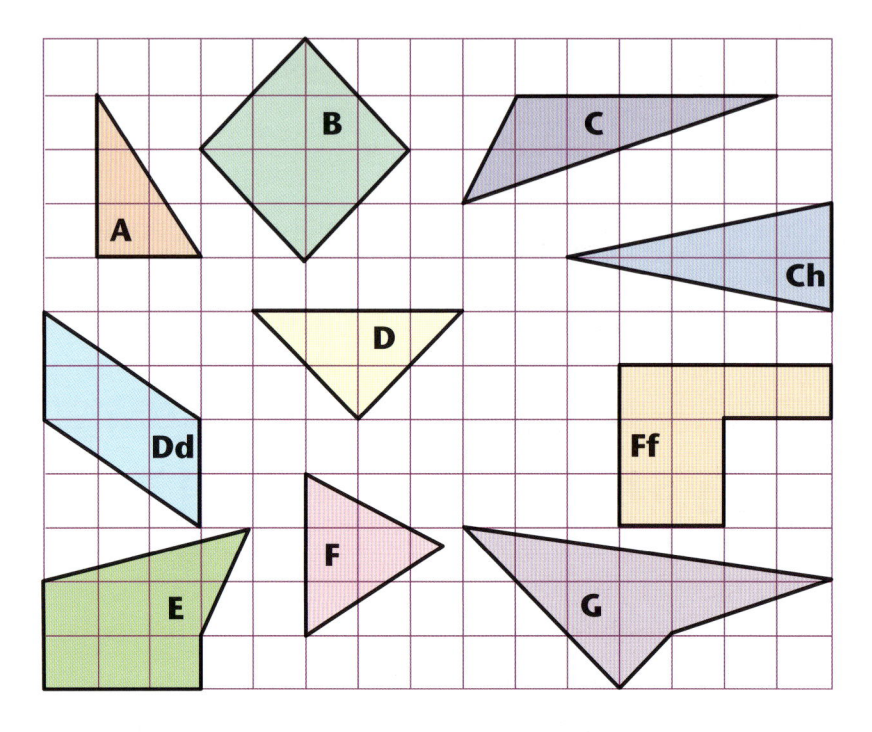

---

cymesur	isosgeles	hafalochrog	anghyfochrog	triongl	pedrochr
ochr	ymyl	polygon	arwynebedd	sail	fertig	rheolaidd
fertigau	afreolaidd	paralel	adlewyrchiad	perpendicwlar

Am gêm

Dyma gêm i'w chwarae gyda ffrind.

Mae'r ddau ohonoch yn edrych ar y siapiau ar y grid. Dewiswch un siâp a'i ddisgrifio i'ch ffrind gan ddefnyddio rhai o'r geiriau uchod. Rhaid i'ch ffrind geisio enwi'r siâp yn gywir. Os yw'n gallu, tro eich ffrind fydd hi i ddewis a disgrifio siâp.

Mae'n driongl ond nid yw'n gymesur.

Siâp A dw i'n meddwl.

Gair i gall! Mae llinellau paralel yr un pellter oddi wrth ei gilydd. Nid yw'n rhaid iddyn nhw fod yr un hyd ac fe allen nhw fod ar ffurf cromlin.

Uned saith

> **Gair i gall!** Mae **llinellau perpendicwlar** yn cyffwrdd neu'n croesi ar ongl sgwâr.

Adeiladu sgiliau

> Mae cerrig a llwch **ar wyneb** y Lleuad
>
> Mae **arwyneb** y Lleuad yn greigiog a garw
>
> Mae **arwynebedd** y Lleuad ychydig yn fwy nag **arwynebedd** cyfandir Affrica

Yn ogystal â disgrifio siâp, gallwn fesur ei arwynebedd. Sylwch sut y byddwn ni'n defnyddio'r geiriau hyn.

Yr arwynebedd yw faint o le y mae siâp yn ei orchuddio. Os yw siâp yn wastad a fflat, ei arwynebedd yw'r lle sydd y tu mewn i linellau neu ffiniau'r siâp. Mae arwynebedd yn cael ei fesur mewn unedau sgwâr, er enghraifft centimetrau sgwâr (cm^2), metrau sgwâr (m^2), cilometrau sgwâr (km^2), ac ati.

Beth yw arwynebedd y siapiau ar y dudalen gyferbyn mewn sgwariau?

A .... B .... C ....

Ch .... D .... Dd ....

E .... F .... Ff ....

G ....

Ewch ati!

Ar bapur sgwariau centimetr, tynnwch lun bathodynnau i orchuddio arwynebedd o 24 centimetr sgwâr. Lliwiwch wahanol rannau o bob bathodyn yn 3 lliw. Beth yw'r arwynebedd sy'n cael ei orchuddio gan bob lliw?

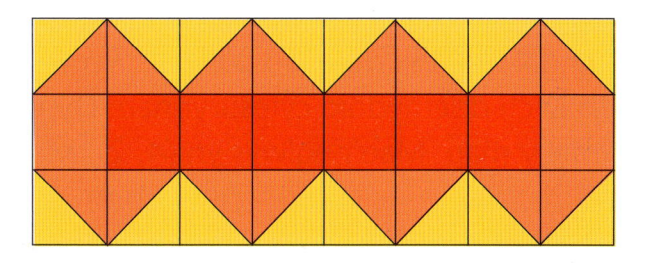

Arwynebedd sy'n goch 6 cm^2 **Arwynebedd sy'n felyn** 8 cm^2 **Arwynebedd sy'n oren** 10 cm^2

Rhowch gynnig ar fathodynnau sydd â siapiau gwahanol, fel y rhain:

Beth yw arwynebedd pob lliw? Cofiwch, dylai eu cyfanswm fod yn 24 cm^2.

Uned saith

Adeiladu sgiliau

Gallwn ddod o hyd i arwynebedd sgwariau a phetryalau trwy luosi nifer y sgwariau ar hyd pob ochr, fel hyn:

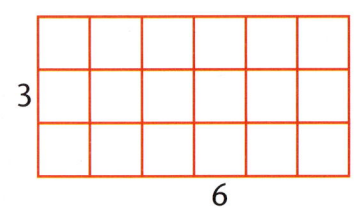

Nifer y sgwariau yw 18
3 × 6 = 18
Welwch chi pam mae hyn yn gweithio?

Ysgrifennwch yr arwynebedd ar y siapiau hyn.

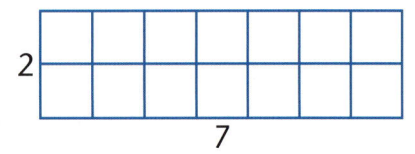

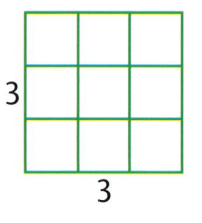

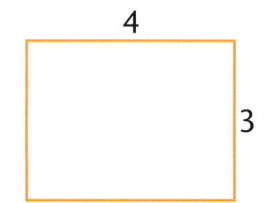

Cracer o gwestiwn

Ar y grid, lluniwch driongl â'i arwynebedd yr un faint â'r petryal coch.

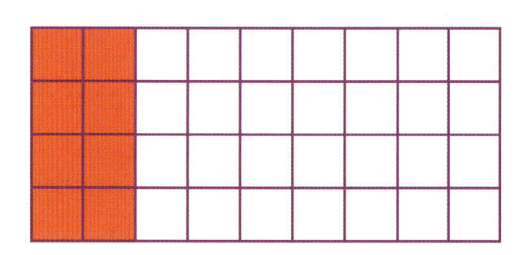

Adeiladu sgiliau

Edrychwch ar y map. Ble mae'r eglwys? Dychmygwch eich bod yn siarad â'ch ffrind ar y ffôn. Mae gan eich ffrind yr un map â chi. Sut gallwch chi ddweud ble mae'r eglwys **yn union**? Gallwch ddefnyddio cyfesurynnau. Dyna'r rhifau ar hyd ymyl y map. Mae'r eglwys yn (4, 2). Mae hyn yn golygu **4 sgwâr ar draws** a **2 i fyny**. Bob tro, rhaid mynd **ar draws** yn gyntaf, wedyn **i fyny**.

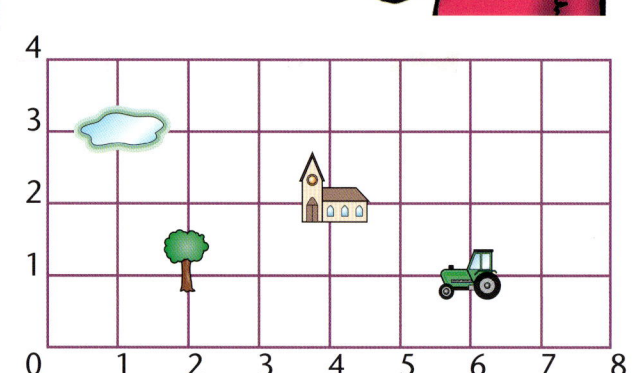

Beth wyt ti'n feddwl 'mae'n agos at y canol'? Ble yn union?

Ble mae'r llyn? ....

Beth sydd yn (6, 1)? ....

Ble mae'r goeden? ....

Beth sydd yn (4, 2)? ....

40

Uned saith

Gair i gall! Mae trefn ysgrifennu'r cyfesurynnau yn bwysig iawn.
Un ffordd o gofio yw dweud *'i mewn i'r tŷ, i fyny'r grisiau'*.

Edrychwch ar grid y siapiau ar dudalen 38. Ysgrifennwch gyfesurynnau ar hyd ymylon y grid, gan roi 0 yn y gornel isaf ar y chwith, fel y grid sydd ar y dudalen gyferbyn. Dewiswch dri o'r siapiau ac ysgrifennwch gyfesurynnau pob un o'u fertigau, fel hyn …

siâp   A   (1, 8), (3, 8), (1, 11)
siâp   …….. _____
siâp   …….. _____
sîap   …….. _____

Am gêm

Rhowch gynnig ar hyn gyda ffrind. Gêm yw hi am fod yn y diffeithdir.

1 Marciwch chwe chroes ar y grid lle mae llinellau'n cyffwrdd. Cuddiwch nhw rhag eich ffrind. Mae pob croes yn dangos lle rydych chi wedi cuddio potelaid o ddŵr.
2 Bob yn ail, dyfalwch beth yw'r cyfesurynnau. Os oes gan eich ffrind botel ddŵr yno, mae hi'n torri.

Pwy fydd â'r botel ddŵr olaf, ac felly'n goroesi?
I'ch atgoffa, nodwch ar eich map y cyfesurynnau rydych wedi eu dyfalu.

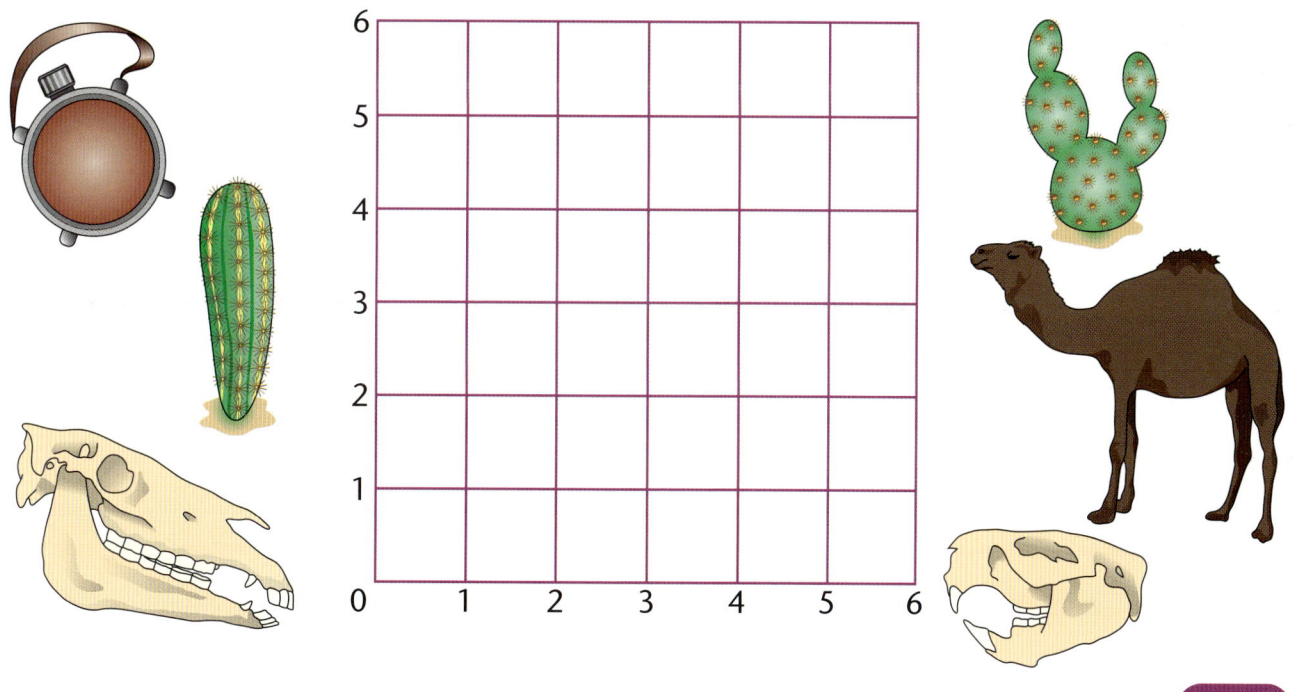

41

Uned saith

Adeiladu sgiliau

Mae drychau yn adlewyrchu pethau – nid yn unig fy ngwallt cŵl i! Gallwn eu defnyddio i adlewyrchu patrymau a siapiau hefyd.

Edrychwch ar y siâp hwn, wedi ei adlewyrchu yn y llinell ddrych goch. Dewiswch fertig. Mae ei adlewyrchiad yr un pellter o'r drych ar yr ochr arall. Dyna sut mae pob adlewyrchiad yn gweithio.

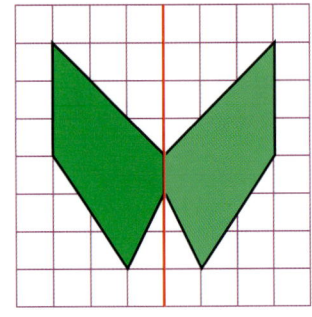

Allwch chi adlewyrchu'r siapiau hyn?

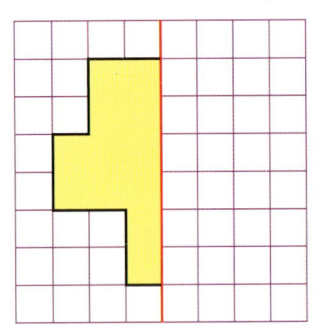

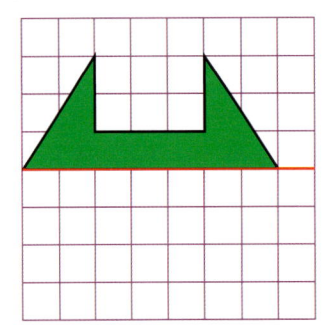

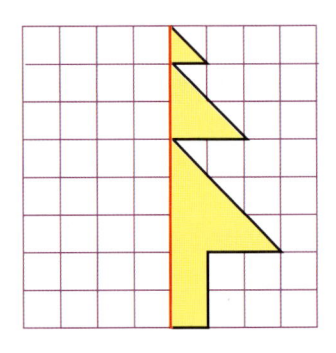

Weithiau mae'r llinell ddrych yn groeslin. Ond mae'r adlewyrchiad yn dal i weithio yn yr un ffordd. Rhowch gynnig ar adlewyrchu'r siapiau yn y gridiau isod. Mae'r cyntaf wedi ei wneud – sylwch sut mae adlewyrchu'r dotiau coch a melyn yn help.

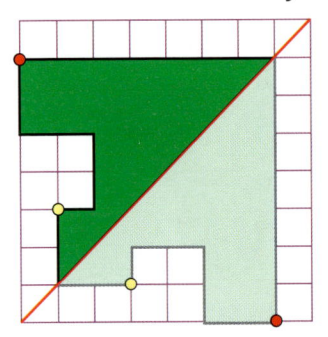

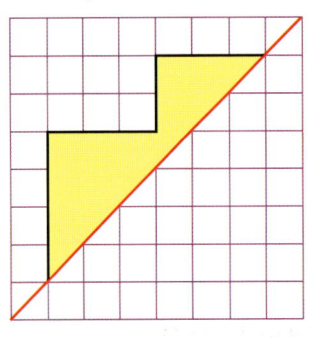

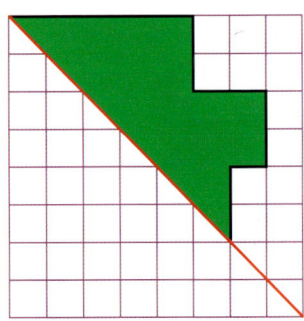

Pethau i'w dysgu ar gyfer Uned Wyth

$90 \times 2 = 180$	60 eiliad = 1 munud	30 eiliad = $\frac{1}{2}$ munud
hanner 90 = 45	60 munud = 1 awr	15 munud = $\frac{1}{4}$ awr
$90 \times 3 = 270$	24 awr = 1 diwrnod	7 diwrnod = 1 wythnos
$90 \times 4 = 360$	365 diwrnod = 1 flwyddyn arferol	12 mis = 1 flwyddyn

UNED WYTH Onglau ac Amser

Yn yr Uned hon byddwch yn dysgu:

- ★ sut i enwi, llunio a mesur onglau
- ★ sut i adnabod onglau mewn siapiau ac yn y byd o'n cwmpas
- ★ am gofnodi amser mewn gwahanol ffyrdd
- ★ sut i adio a thynnu amser.

Cynhesu – ymarfer!

Cuddiwch y dudalen gyferbyn!

Dyma brawf ar y ffeithiau yn Uned Saith:

$90 \times 3 =$ .... diwrnod = 1 wythnos   .... diwrnod = 1 flwyddyn arferol

.... awr = 1 diwrnod $90 \times 4 =$ .... mis = 1 flwyddyn

.... eiliad = $\frac{1}{2}$ munud $90 \times 2 =$ .... eiliad = 1 munud

.... munud = 1 awr   15 munud = ... awr   hanner 90 = ...

Gwaith geiriau

| ongl aflem | gradd | digidol | ongl lem | p.m. | clocwedd |
| ongl sgwâr | a.m. | onglydd | gwrthglocwedd | analog |

Am gêm

Chwaraewch y gêm hon gyda ffrind. Bydd arnoch angen set o gardiau, neu ddarnau o bapur, â'r geiriau uchod arnyn nhw.

Yn eich tro, dewiswch gerdyn, darllenwch y gair ac yna gofynnwch i'ch ffrind ddweud beth yw ei ystyr. Os yw'n gywir, mae'n cael pwynt. Os ydych yn anghytuno, edrychwch mewn geiriadur mathemateg!

Uned wyth

Adeiladu sgiliau

Troellwr | Bysedd cloc | Olwynion
Handlen drws | Pennau
Ni ein hunain | Tap dŵr

Beth sy'n gyffredin gan yr holl bethau yn y blychau?
Ar ôl dyfalu, edrychwch ar yr ateb ar waelod y dudalen.

Tro yw pob ongl. Mae ongl yn fesuriad o faint mae rhywbeth wedi troi.
Mae gwahanol fathau o onglau. Dyma dair:

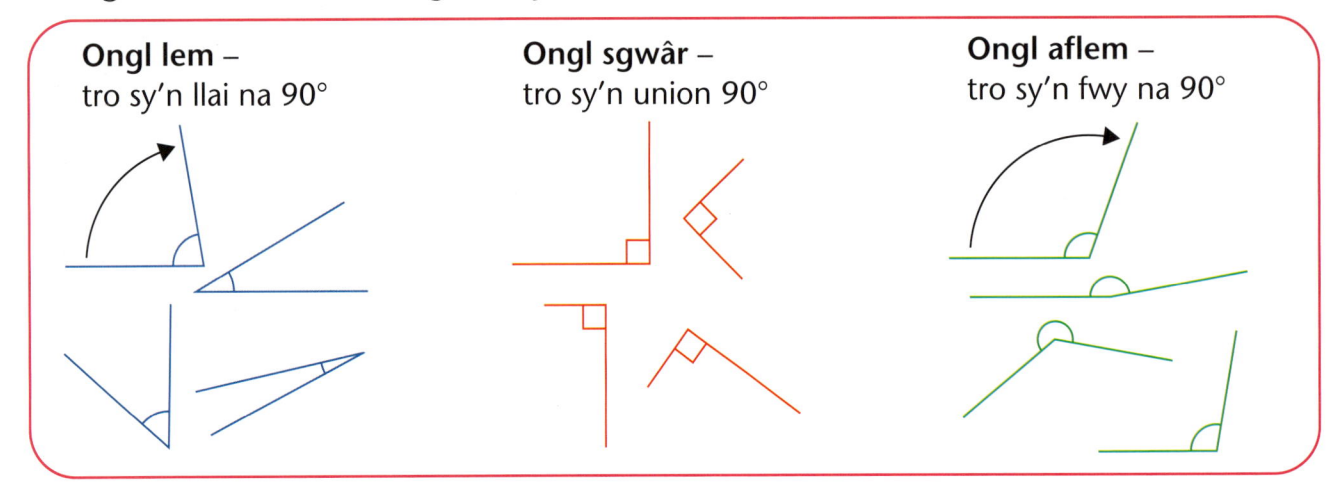

Ongl lem –
tro sy'n llai na 90°

Ongl sgwâr –
tro sy'n union 90°

Ongl aflem –
tro sy'n fwy na 90°

Cracer o gwestiwn

Os yw'r saeth yn troi'n glocwedd i'r pwynt C, trwy ba fath o ongl y mae'n troi?

Os yw'r saeth yn pwyntio at Ch ac yn symud yn glocwedd, trwy ba fath o ongl y mae'n troi er mwyn pwyntio at F?

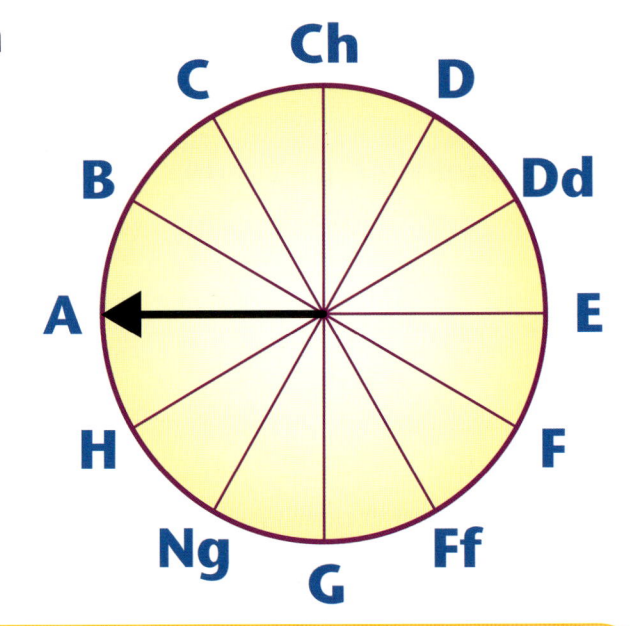

Os yw'r saeth yn pwyntio at Dd, at ba lythyren y byddai'n pwyntio petai'n troi trwy:

1 ongl sgwâr? ☐   2 ongl sgwâr? ☐   3 ongl sgwâr? ☐

4 ongl sgwâr? ☐

(Ateb: maen nhw i gyd yn bethau sy'n gallu troi!)

44

Uned wyth

🔍 Am gêm

Chwaraewch y gêm hon gyda ffrind.
1. Mae chwaraewr 1 yn darllen un o'r cardiau isod yn uchel.
2. Mae chwaraewr 2 yn cael pwynt am ddisgrifio'r tro yn gywir, e.e. 'ongl lem'.
3. Mae chwaraewr 2 yn darllen cerdyn, ac felly ymlaen, bob yn ail.
4. Y cyntaf i sgorio 7 pwynt sy'n ennill.

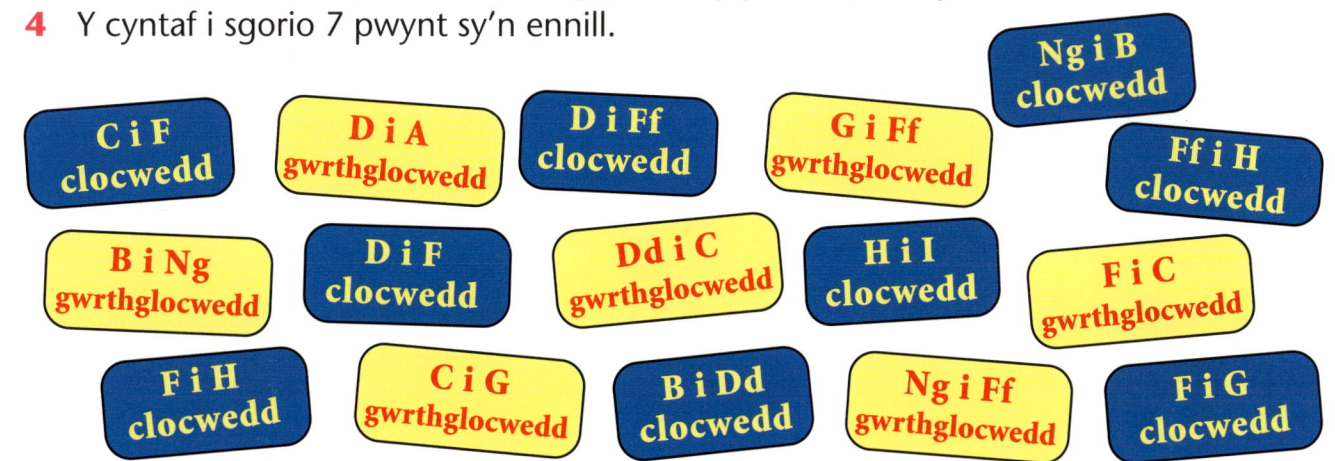

- C i F clocwedd
- D i A gwrthglocwedd
- D i Ff clocwedd
- G i Ff gwrthglocwedd
- Ng i B clocwedd
- Ff i H clocwedd
- B i Ng gwrthglocwedd
- D i F clocwedd
- Dd i C gwrthglocwedd
- H i I clocwedd
- F i C gwrthglocwedd
- F i H clocwedd
- C i G gwrthglocwedd
- B i Dd clocwedd
- Ng i Ff gwrthglocwedd
- F i G clocwedd

Adeiladu sgiliau

Ers talwm, roedd pobl yn credu bod y Ddaear yn cymryd tua 360 diwrnod i fynd o amgylch yr Haul.

Dyna pam mae 360° mewn cylch. Fe welwch chi hyn ar onglydd. Mae onglydd siâp cylch wedi ei rannu yn 360 rhan fach, o'r enw **graddau**. Mae pob gradd yn dangos pa mor bell y mae'r Ddaear yn troi o amgylch yr Haul mewn un diwrnod.

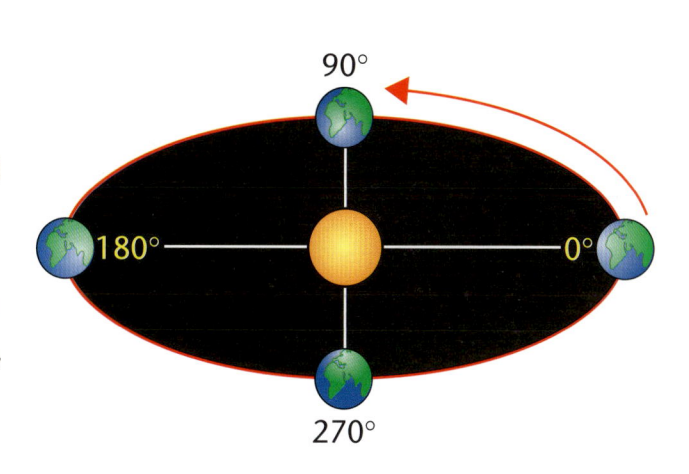

Mae onglydd hanner cylch, fel hwn, yn dangos 180°.

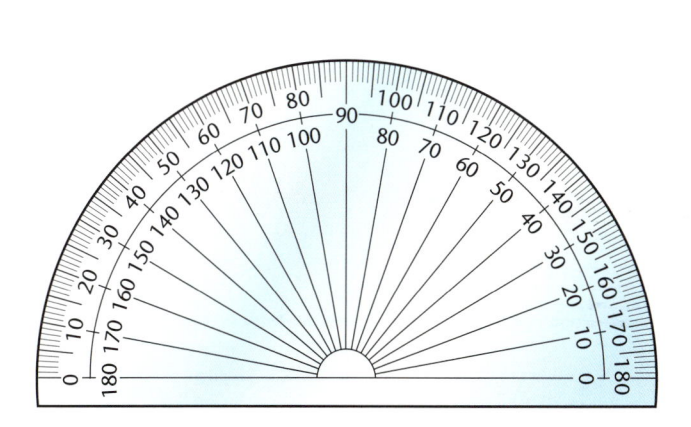

Wrth lunio neu fesur ongl, dychmygwch fod y ddwy linell yn dechrau gyda'i gilydd, yn pwyntio at 0°, cyn agor trwy 10°, 20°, 30° …

45

Uned wyth

Gair i gall! Peidiwch â chymysgu rhwng y ddwy set o rifau sydd ar onglydd. Holwch, 'Ai ongl lem yw hon, neu ongl aflem?' Os yw'n ongl lem, bydd yn llai na 90° ac os yw'n ongl aflem bydd yn fwy na 90°.

Cracer o gwestiwn

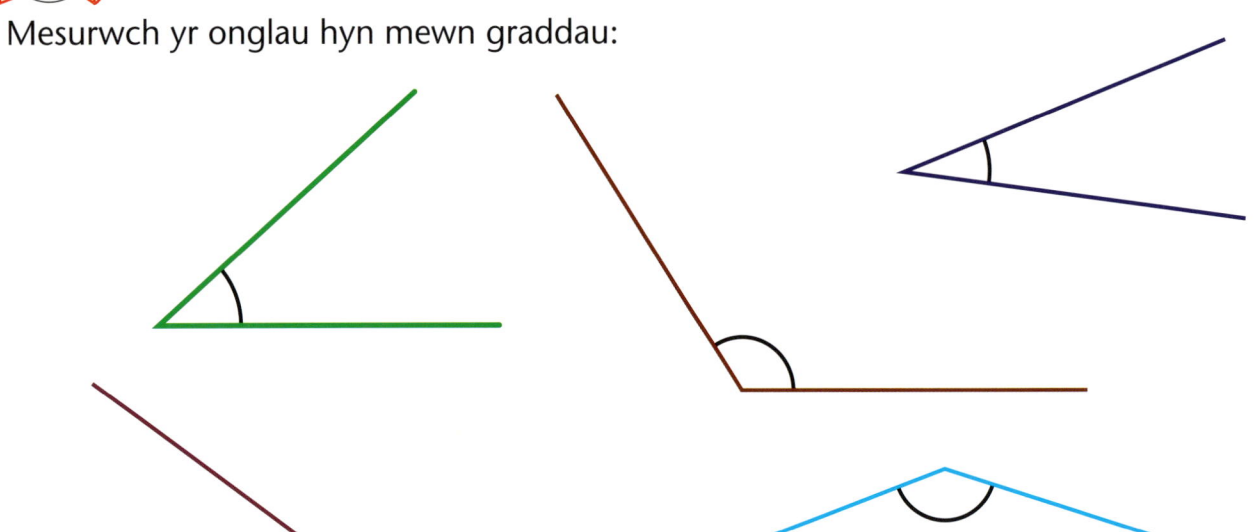

Mesurwch yr onglau hyn mewn graddau:

Lluniwch onglau 60°, 135° a 170° yma.

Gair i gall! Weithiau mae tro sy'n ddwy ongl sgwâr, neu 180°, yn cael ei alw yn ongl syth neu ongl llinell syth.

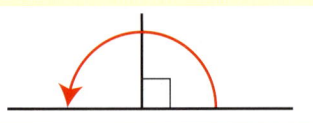

Uned wyth

Sôn am symiau

Mae'n amser i ni edrych ar amser. Mae dau fath o gloc, sef digidol ac analog. Gall cloc digidol fod yn un 12 awr neu 24 awr.

3:45 p.m.
12 awr digidol

15:45
24 awr digidol

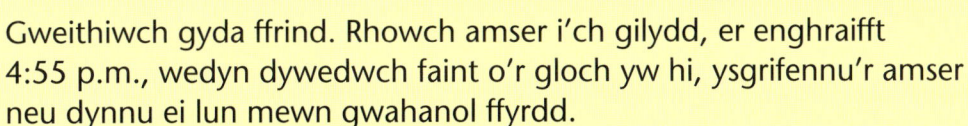

analog

Gweithiwch gyda ffrind. Rhowch amser i'ch gilydd, er enghraifft 4:55 p.m., wedyn dywedwch faint o'r gloch yw hi, ysgrifennu'r amser neu dynnu ei lun mewn gwahanol ffyrdd.

★ Defnyddiwch **a.m.** ar gyfer amseroedd rhwng hanner nos a hanner dydd, a **p.m.** ar gyfer amseroedd rhwng hanner dydd a hanner nos.

★ Defnyddiwch gloc 24 awr. Wrth fynd heibio i hanner dydd, mae 1 p.m. yn newid yn 13:00, 2 p.m. yn 14:00 ac ati. Cofiwch ddefnyddio pedwar digid bob tro wrth ysgrifennu'r amser ar gloc 24 awr, fel hyn: 13:45, 16:00 a 03:25.

Dewch i ymchwilio!

Ar y CD mae'n dangos amser chwarae y caneuon.
Faint o amser y byddech chi'n ei gymryd i wrando ar:

caneuon 1 a 3? ....

caneuon 2 a 4? ....

yr holl ganeuon? ....

Pa dair cân sy'n cymryd union 13 munud i'w chwarae?

....
....
....

1. DAL FI — 3 MUNUD 25 EILIAD
2. DOMINO — 4 MUNUD 38 EILIAD
3. LLWYBR Y LLOER — 4 MUNUD 30 EILIAD
4. HEN DRO — 5 MUNUD 46 EILIAD
5. BLODYN — 3 MUNUD 52 EILIAD
6. FFŴL Y FRO — 3 MUNUD 09 EILIAD

Os oes bwlch o 3 eiliad rhwng pob cân, a'ch bod chithau'n gwrando ar y caneuon yn eu trefn, pa gân fyddai i'w chlywed ar ôl:

12 munud? .... 18 munud? .... 24 munud? ....

Dyluniwch glawr CD eich hun ac arno deitlau caneuon newydd. Dewiswch amseroedd gwahanol iddyn nhw. Cyfrifwch yr amser i chwarae rhai o'r caneuon gyda'i gilydd.

47

Uned wyth

Ewch ati!

Bydd arnoch angen papur newyddion neu gylchgrawn sy'n dangos amseroedd y rhaglenni teledu heddiw. Ysgrifennwch beth sydd ar y sianeli hyn ar yr adegau isod a beth yw hyd y rhaglenni.

Sianel	Amser
BBC2	9:15 a.m.
HTV	09:35
S4C	Pum munud i ddeg yn y bore
BBC1	13:47
CH 4	Deg munud wedi dau yn y prynhawn
HTV	Chwarter i chwech gyda'r nos
CH 5	7:25 p.m.
MTV	20:01
BBC1	Deg munud i un ar ddeg y nos
S4C	23:30

Pethau i'w dysgu ar gyfer Uned Naw

10 milimetr = 1 centimetr
1000 milimetr = 1 metr
1 cilogram = 1000 gram
$\frac{1}{2}$ litr = 500 mililitr
$\frac{1}{4}$ metr = 25 centimetr

100 centimetr = 1 metr
1000 metr = 1 cilometr
1 litr = 1000 mililitr
$\frac{1}{2}$ cilometr = 500 metr
$\frac{1}{4}$ cilogram = 250 gram

UNED NAW Mesur a Darllen Graddfeydd

Yn yr Uned hon byddwch yn dysgu:

★ am unedau safonol
★ sut i fesur yn gywir
★ am ddewis unedau ac offer ar gyfer mesur
★ sut i ddarllen graddfa yn gywir.

Cynhesu – ymarfer!

Cuddiwch y dudalen gyferbyn!

Dyma brawf ar y ffeithiau mesur yn Uned Wyth:

10 milimetr = ... 1000 milimetr = ...

$\frac{1}{4}$ metr = ... 1 cilogram = ...

.... = 1000 mililitr .... = 250 gram

.... = 1 metr $\frac{1}{2}$ litr = ...

.... = 500 metr .... = 1 cilometr

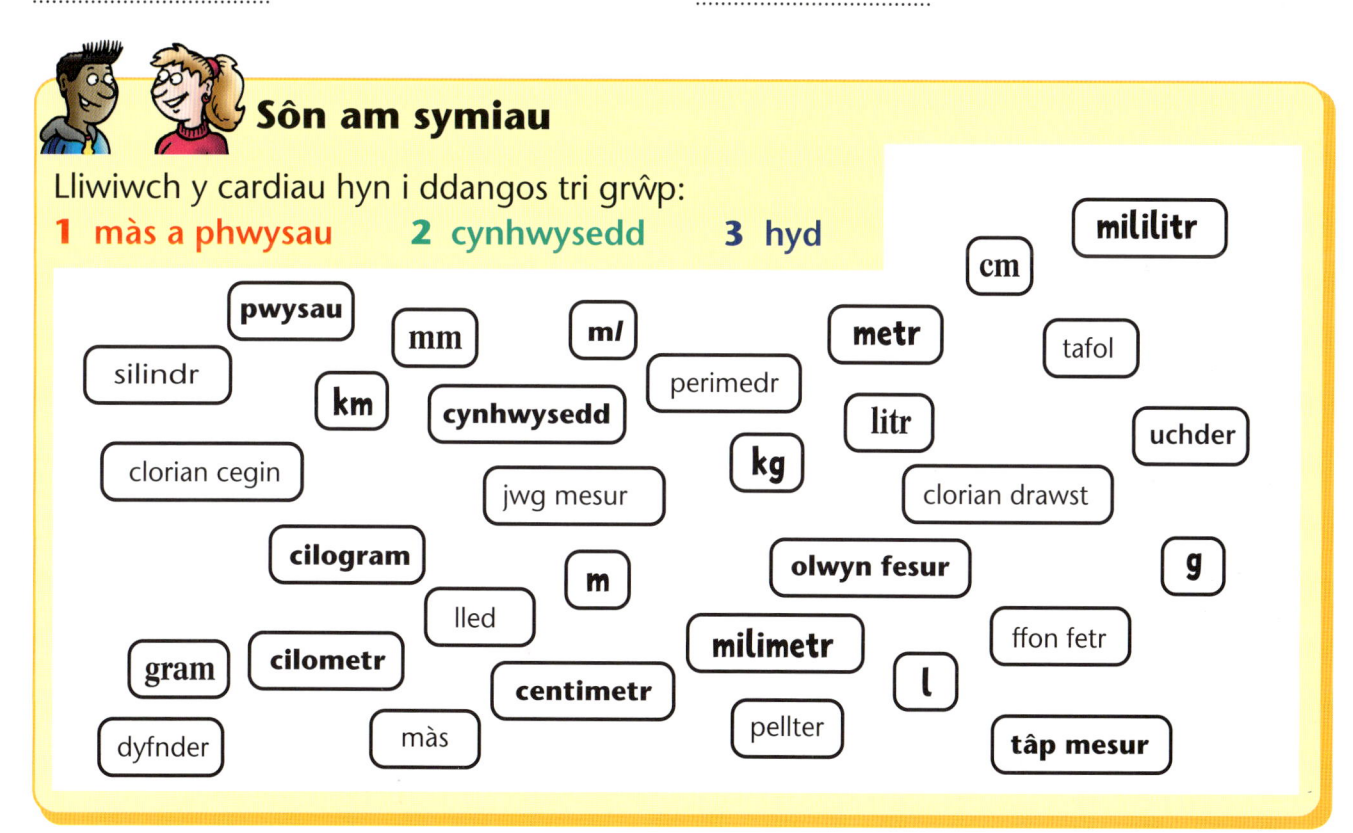

Sôn am symiau

Lliwiwch y cardiau hyn i ddangos tri grŵp:
1 màs a phwysau **2 cynhwysedd** **3 hyd**

- mililitr
- cm
- pwysau
- mm
- ml
- metr
- tafol
- silindr
- km
- cynhwysedd
- perimedr
- litr
- uchder
- clorian cegin
- jwg mesur
- kg
- clorian drawst
- cilogram
- m
- olwyn fesur
- g
- lled
- milimetr
- ffon fetr
- gram
- cilometr
- centimetr
- l
- dyfnder
- màs
- pellter
- tâp mesur

Uned naw

Gwaith geiriau

centimetr	màs	milimetr	pellter
dyfnder	cilometr	mililitr	lled
cilogram	metr	pwysau	uchder
litr	perimedr	hyd	gram

Ydych chi'n gwybod ystyr y geiriau hyn? Rhowch gylch o gwmpas y rhai rydych chi'n eu gwybod.

Ysgrifennwch y ffurf fer am bob un o'r unedau mesur hyn:

centimetr .... milimetr .... gram .... litr ....

mililitr .... cilometr .... metr .... cilogram ....

Sôn am symiau

Mae'r plant yn mesur hyd pedair llinell. Beth maen nhw'n ei wneud yn anghywir? Ticiwch y llinell sy'n cael ei mesur yn gywir. Beth yw hyd y llinell?

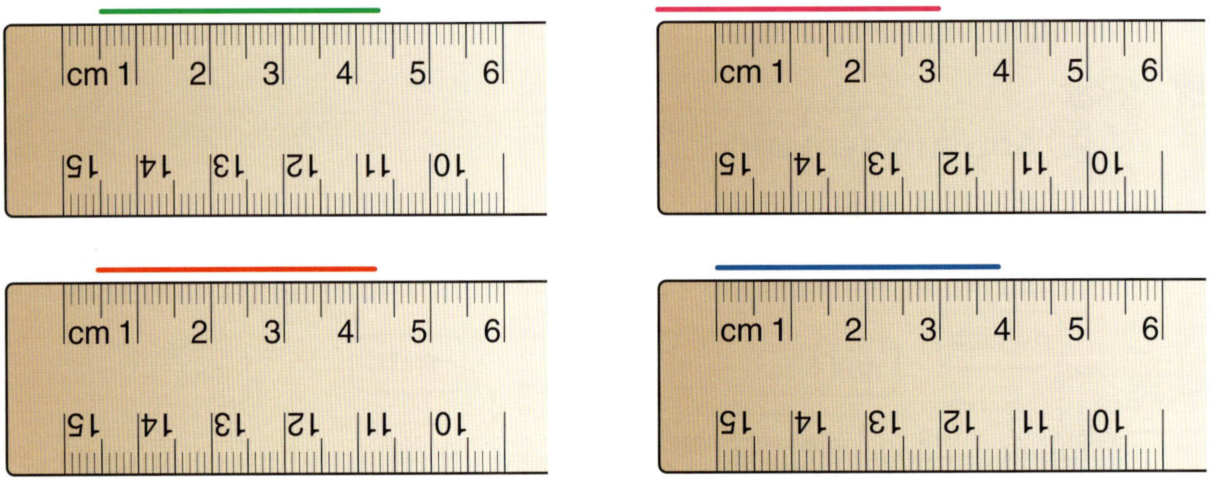

Gair i gall! Gallwn ysgrifennu hyd llinellau mewn gwahanol ffyrdd.

————————— Gallwn ysgrifennu hyd y llinell hon fel hyn:

| 4 cm 2 mm | 4.2 cm | 42 mm |

50

Uned naw

Cracer o gwestiwn

Yn y blychau, ysgrifennwch hyd y pethau hyn mewn tair ffordd.

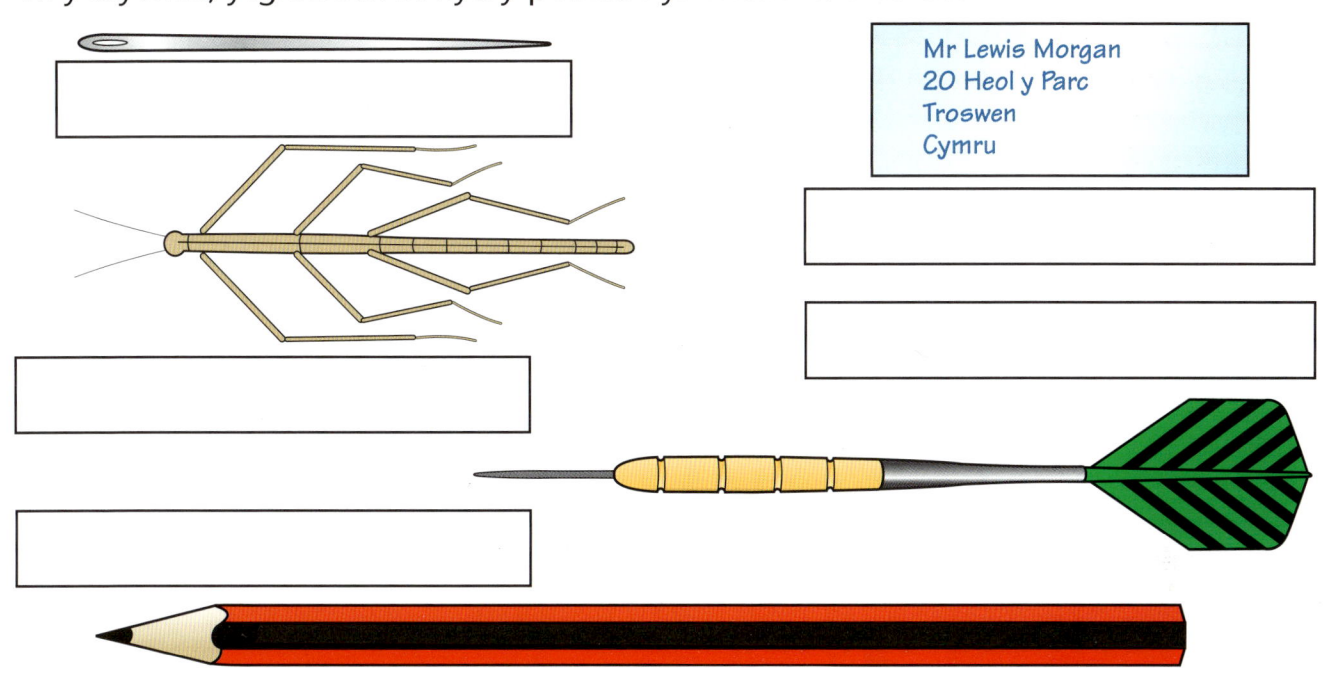

Mr Lewis Morgan
20 Heol y Parc
Troswen
Cymru

Tynnwch linellau sydd â'u hyd yn 9 cm, 6.8 cm a 4.3 cm.

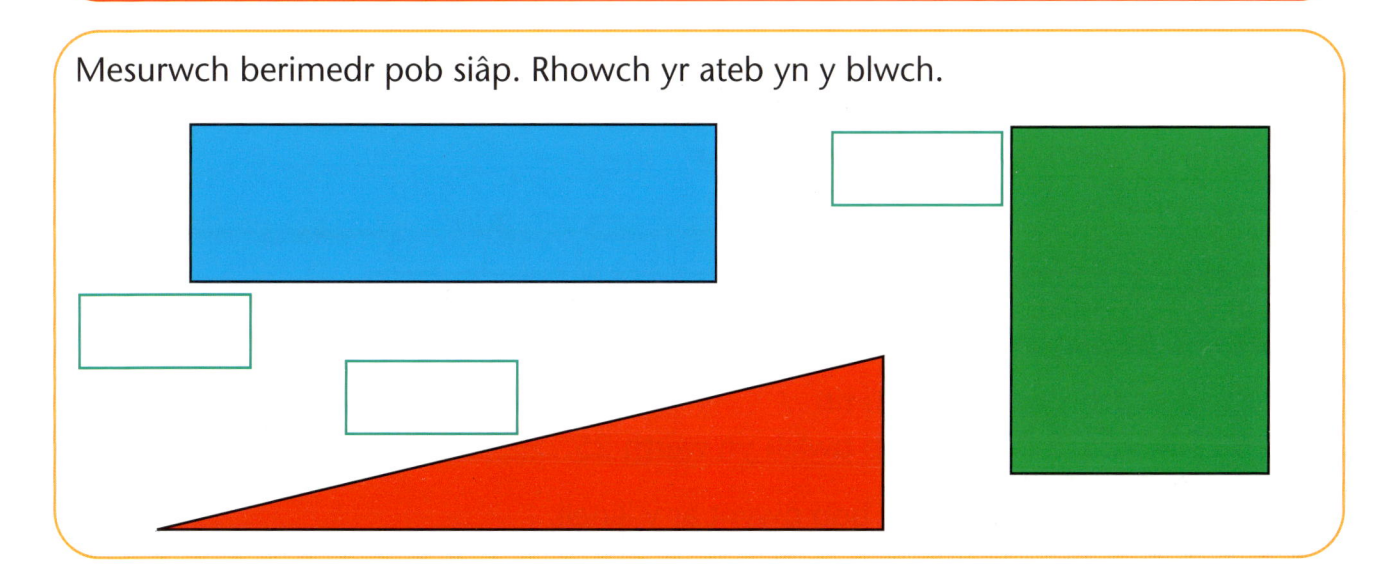

Mesurwch berimedr pob siâp. Rhowch yr ateb yn y blwch.

51

Uned naw

🔍 Dewch i ymchwilio!

Dewiswch wahanol offer mesur a'u defnyddio i fesur pethau yn yr ystafell. Chwiliwch am bethau sy'n cyfateb i'r targedau isod. Mesurwch eich eitemau. Pa mor agos allwch chi ddod at bob targed?

Targed 1	hyd 30 cm	dalen o bapur A4	29.7 cm
Targed 2	uchder 1.5 m		
Targed 3	màs 150 g		
Targed 4	cynhwysedd 600 ml		
Targed 5	màs 1.3 kg		
Targed 6	cynhwysedd 8 l		

Adeiladu sgiliau

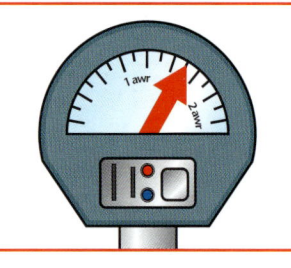

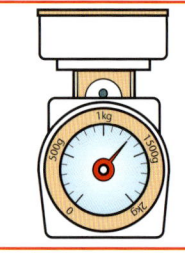

Welwch chi beth mae pob graddfa yn ei ddangos?

Dyma ffordd o ddarllen graddfeydd fel y rhain yn gywir.
1 Dewiswch ddau rif y drws nesaf i'w gilydd ar y raddfa.
2 Dewch o hyd i'r gwahaniaeth rhwng y ddau rif.
3 Cyfrwch sawl bwlch sydd rhwng y ddau rif.
4 Cyfrifwch werth pob bwlch trwy rannu.

```
600            700            800
 |--|--|--|--|--|--|--|--|--|
```

1 Dewiswch ddau rif: 600 a 700.
2 Y gwahaniaeth yw 100.
3 Mae 4 bwlch rhwng y ddau rif.
4 100 ÷ 4 = 25, felly mae pob bwlch yn werth 25.

Ysgrifennwch y rhifau cywir ar bob pwynt ar y llinell.

Uned naw

Cracer o gwestiwn
Ysgrifennwch ddarlleniad pob graddfa.

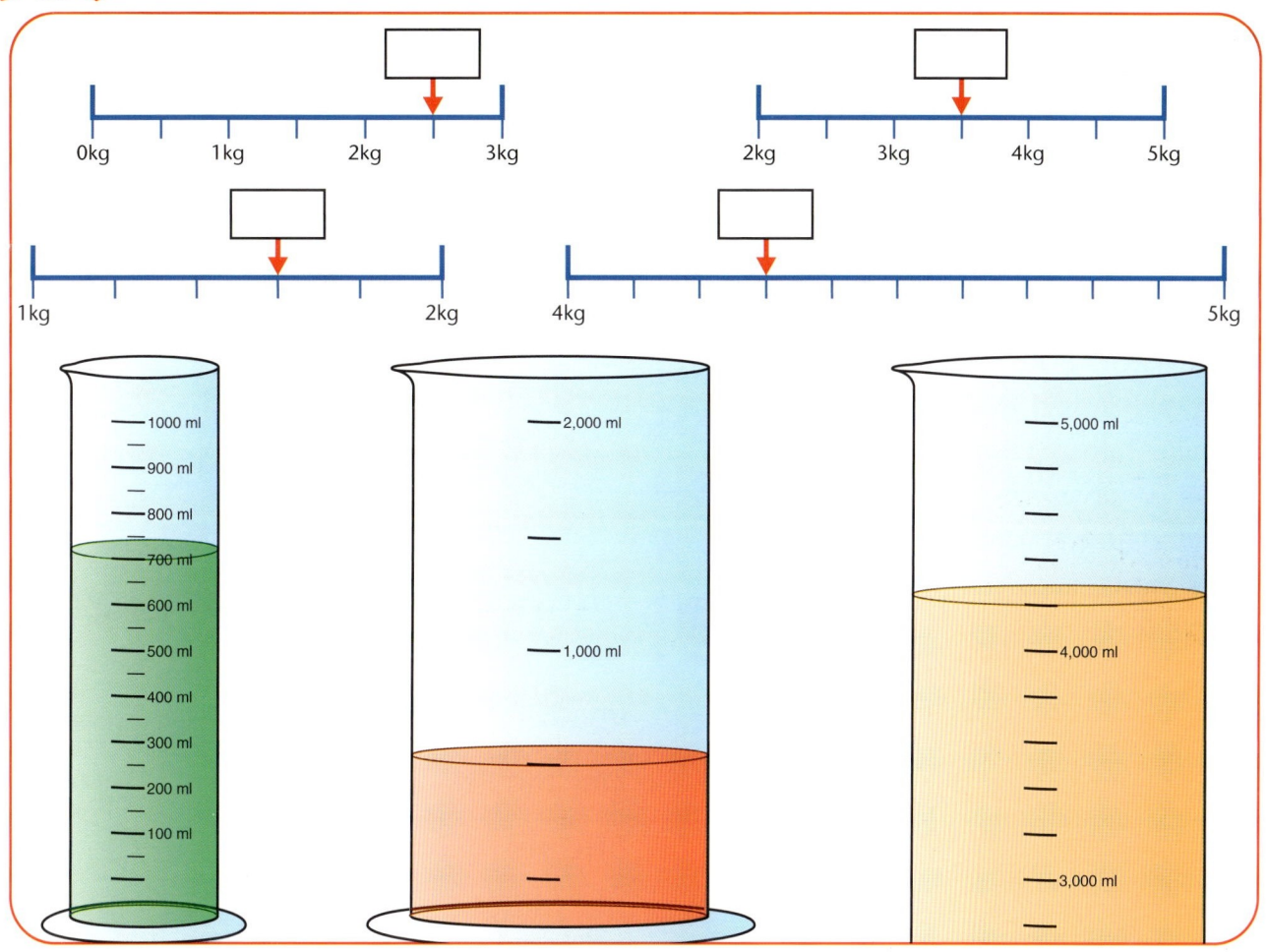

Tynnwch lun saeth ar y raddfa i ddangos y darlleniad cywir.

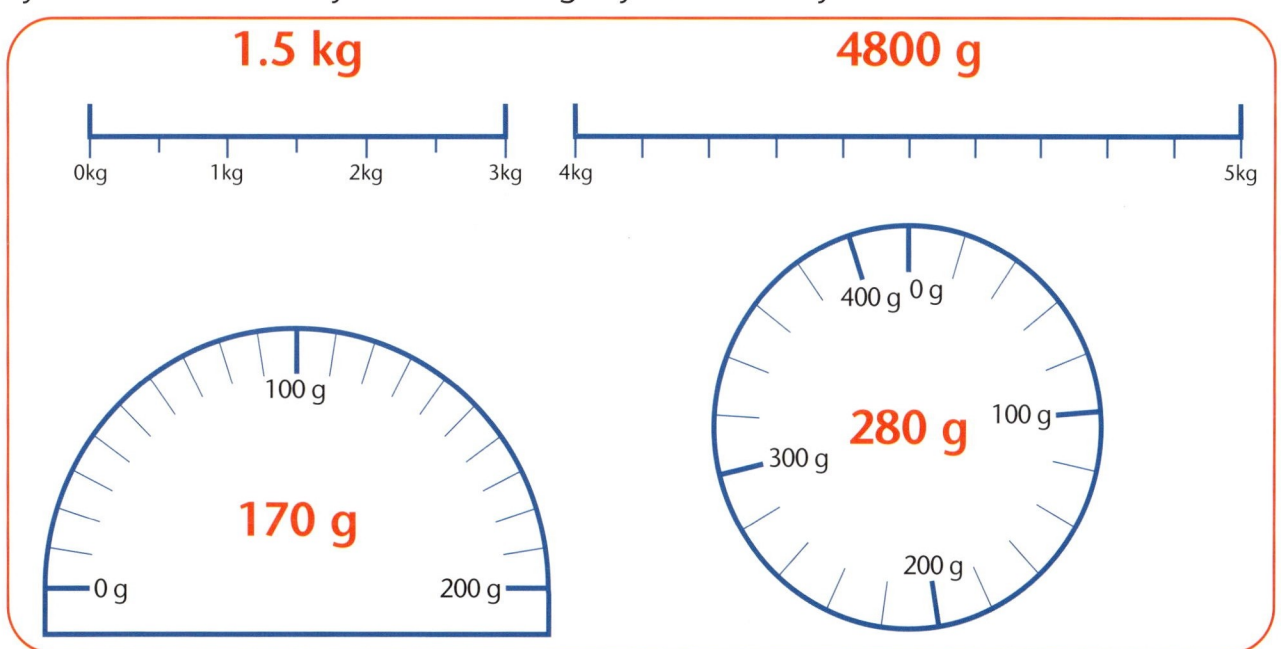

1.5 kg   **4800 g**

170 g   **280 g**

53

Uned naw

Ewch ati!

Darllenwch y pytiau newyddion hyn yn ofalus i ddod o hyd i fesuriad. Ysgrifennwch:
* yr uned y byddech yn ei defnyddio i'w fesur
* amcangyfrif o'i faint
* enw'r offeryn y byddech yn ei ddefnyddio i'w fesur.

Ddoe daeth Mr Rowlands i'r gwaith â rhwymyn am ei ben. 'Taro fy mhen yn ffrâm y drws wnes i,' meddai. 'Roedd uchder y drws yn llai nag oeddwn i'n tybio.'

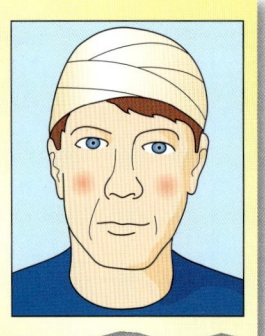

uned: ....

amcangyfrif: ....

offeryn: ....

SÊL! Disgownt ar bob bwrdd du a bwrdd gwyn i ysgolion.

Hyd un o'r byrddau yw

uned: ....

amcangyfrif: ....

offeryn: ....

Ddoe dywedodd Ysgol Arthwen eu bod yn cael biniau sbwriel mwy. Meddai Mrs Thomas, un o'r athrawon, 'Nid yw cynhwysedd y biniau yn yr ystafelloedd dosbarth yn ddigon mawr i ddal holl sbwriel y plant.'

uned: ....

amcangyfrif: ....

offeryn: ....

'Disgyblion Blwyddyn 6 yn tyfu!'

Dangosodd arolwg fod pwysau disgybl Blwyddyn 6 yn y flwyddyn 2006 yn debygol o fod yn fwy na phwysau disgybl Blwyddyn 6 yn y gorffennol. 'Dw i'n meddwl mai'r holl selsig a sglodion yna sydd ar fai,' meddai Llŷr, â'i geg yn llawn.

uned: ....

amcangyfrif: ....

offeryn: ....

Cyn dechrau ar Uned Deg

Edrychwch eto ar y ffeithiau 'Cynhesu – ymarfer!' a ddysgoch yn yr Unedau eraill.

UNED DEG Graffiau a Thrin Data

Yn yr Uned hon byddwch yn dysgu:

★ am wahanol fathau o dablau a graffiau
★ sut i ddarllen gwybodaeth oddi ar graffiau a siartiau
★ am ddod o hyd i'r modd a'r amrediad mewn data
★ sut i gynnal arbrawf a llunio graff o'r canlyniadau.

Cynhesu – ymarfer!

Dyma brawf ar ffeithiau o'r holl Unedau eraill:

24 + 9 = ...   1 cilometr = ... metr   36 ÷ 6 = ...

6 × 7 = ... eiliad = $\frac{1}{2}$ munud $\frac{1}{4}$ 24 = ...

40 × 10 = ... gram = 1 cilogram   45 – 22 = ...

90 × 4 = ... diwrnod = 1 flwyddyn arferol   48 ÷ 8 = ...

6200 ÷ 100 = ...   Mae gan .... 6 ochr syth

Gwaith geiriau

> arolwg   siart bar   data   graff llinell   tabl amlder
> siart rhifo   diagram Carroll   modd   echelin
> diagram Venn   amrediad   echelinau

Tynnwch linellau i gysylltu'r siartiau â'u henwau cywir.

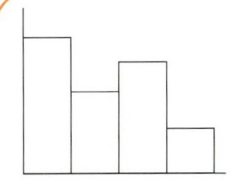

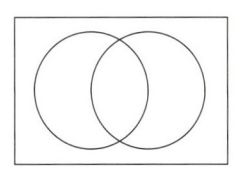

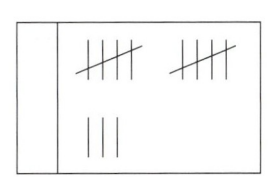

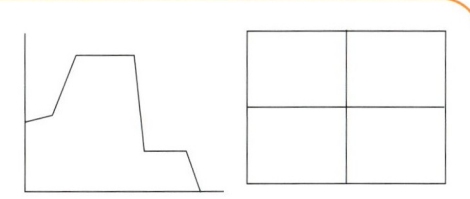

Graff llinell   *Diagram Carroll*   *Siart rhifo*   *Siart bar*   *Diagram Venn*

Cywir neu anghywir?   Llun merch yw diagram Carroll.

Uned deg

> **Gair i gall!** Y *modd* yw'r gwerth mwyaf poblogaidd neu'r un sy'n ymddangos amlaf.
> Yr *amrediad* yw'r gwahaniaeth rhwng y gwerth uchaf a'r gwerth isaf.

Lluniwch siart rhifo ar gyfer y sgorau bowlio hyn:

Sgorau bowlio – rownd 1

Dewi	5	James	7
Nina	8	Ali	2
Daniel	5	Nia	10 ergyd!
Cai	6	Sam	6
Carys	2	Catrin	8
Alun	6	Ffion	7
Megan	4	Alys	10 ergyd!

Siart rhifo

Beth yw: y sgôr **uchaf**? ....   y sgôr **isaf**? ....

   y **modd**? ....   yr **amrediad**? ....

Adeiladu sgiliau

Dyma arolwg yn cofnodi oedran y bobl dan 30 oed sy'n prynu crynoddisgiau yn **Y Siop Bop** ar ddydd Sadwrn. Mae'r canlyniadau yn y siart rhifo.

Siart rhifo

oedran		oedran	
10	II	20	II
11	I	21	III
12	I	22	I
13		23	I
14	II	24	
15	I	25	II
16	II	26	I
17		27	II
18	IIII	28	
19		29	II

Er mwyn llunio siart bar, mae'n rhaid i ni drefnu'r wybodaeth yn grwpiau. Efallai fod y braslun hwn yn dangos pam.

Oedran 10 11 12 13 14 15 16 17 18 19 20 21 22 23 24 25 26 27 28 29

Er mwyn grwpio'r wybodaeth, edrychwch ar nifer y bobl sydd rhwng dau oedran arbennig, fel yr oedrannau yn y tabl amlder hwn.

Cyfrwch nifer y bobl a chwblhewch y tabl.

Sawl bar fydd ar eich siart bar nawr?

Oedran	Cyfanswm y bobl
10 – 14	
15 – 19	
20 – 24	
25 – 29	

Uned deg

Lluniwch siart bar i ddangos oedrannau'r bobl dan 30 oed sy'n prynu crynoddisgiau ar ddydd Sadwrn. Defnyddiwch y **data wedi'u grwpio**.

Siart bar i ddangos ....

Cracer o gwestiwn

Atebwch y cwestiynau hyn am y siart bar.

Faint o bobl oedd yn yr arolwg?	
Yn yr arolwg, pa grŵp oedran oedd â llai na saith o bobl?	
Ym mha ddau grŵp oedran y cafodd yr un nifer o grynoddisgiau eu prynu?	
Pa un oedd y grŵp moddol?	

Uned deg

Dewch i ymchwilio!

	Aberdeen	Birmingham	Caerdydd	Exeter	Leeds	Newcastle
Aberdeen	—	690	859	946	529	380
Birmingham	690	—	173	261	194	336
Caerdydd	859	173	—	196	385	515
Exeter	946	261	196	—	471	601
Leeds	529	194	385	471	—	155
Newcastle	380	336	515	601	155	—

GORFFENNAF

S Ll Ma Me I G Sa
              1
2 3 4 5 6 7 8
9 10 11 12 13 14 15
16 17 18 19 20 21 22
23 24 25 26 27 28 29
30 31

Bws 44

Canol y dref	08:35	12:45
Parc	08:40	12:50
Ysbyty	08:55	13:05
Llyfrgell	09:00	13:10
Pwll nofio	09:17	13:27

Sinema CBA

Ffilmiau yn dechrau am:

| 12:00 | 13:45 | 15:10 |
| 19:00 | 20:45 | 22:10 |

Ysgrifennwch dri datganiad am bob un o'r tablau uchod.

Ewch ati!

Mae lleidr wedi dianc o'r carchar. Mae'n gwisgo tag electronig.
Gall yr heddlu weld beth yw pellter y lleidr o'r carchar, mewn cilometrau.
Dyma **graff llinell** yn dangos symudiadau'r lleidr yn ystod y bore.

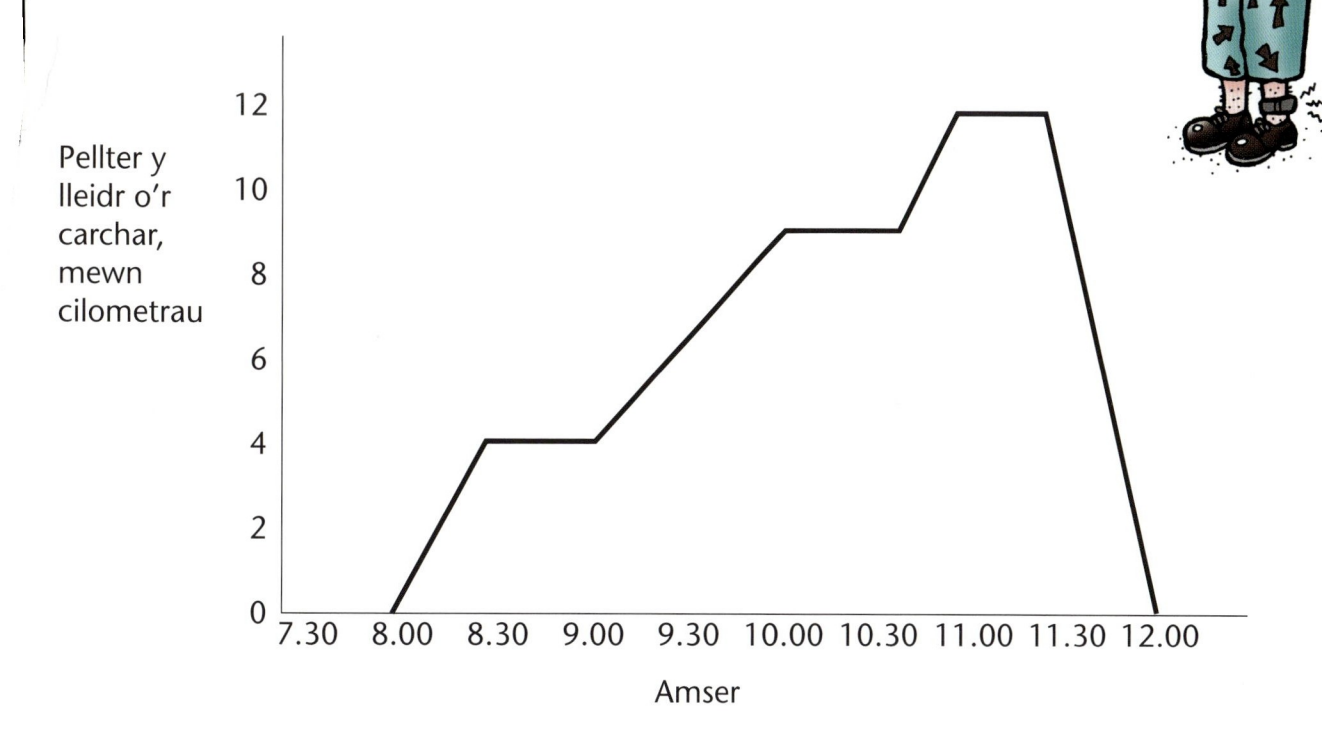

Pellter y lleidr o'r carchar, mewn cilometrau

Amser

Gyda ffrind, atebwch y cwestiynau hyn am y graff llinell.

Am faint o'r gloch mae'r lleidr yn dianc?	Pa mor bell mae'n teithio yn yr hanner awr cyntaf?
Pa mor bell o'r carchar yw'r lleidr am 10:00?	Beth mae'r lleidr yn ei wneud rhwng 10:00 a 10:30?
Beth yw ei bellter mwyaf o'r carchar?	Am faint o'r gloch mae'n cael ei ddal, yn eich barn chi?

Meddyliwch am ragor o gwestiynau am y graff.

Uned deg

Dewch i ymchwilio!

Bydd arnoch angen band elastig, pren mesur, papur sgwariau, ffon fetr neu dâp mesur, onglydd, dalen o gerdyn a digon o le!

Gosodwch yr onglydd fel hyn a marciwch bob 10º hyd at 90º ar y cerdyn. Tynnwch y llinellau fel eu bod yr un hyd â'r pren mesur.

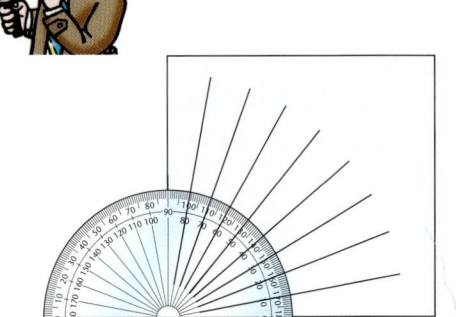

Beth i'w wneud

Mae un ohonoch yn dal y cerdyn ar ei ochr â'i ymyl ar y llawr, a'r llall yn dal y pren mesur ar hyd y llinell 10º. Bachwch y band elastig o gwmpas blaen y pren mesur a'i dynnu'n dynn. Cofiwch i ble'n union y tynnoch chi'r band elastig, er enghraifft at y marc 12 cm ar y pren mesur. Nawr gollyngwch! Mesurwch y pellter mae'r band yn teithio. Cofnodwch hyn. Gwnewch yr un peth eto ar gyfer 20º, 30º ac ati.

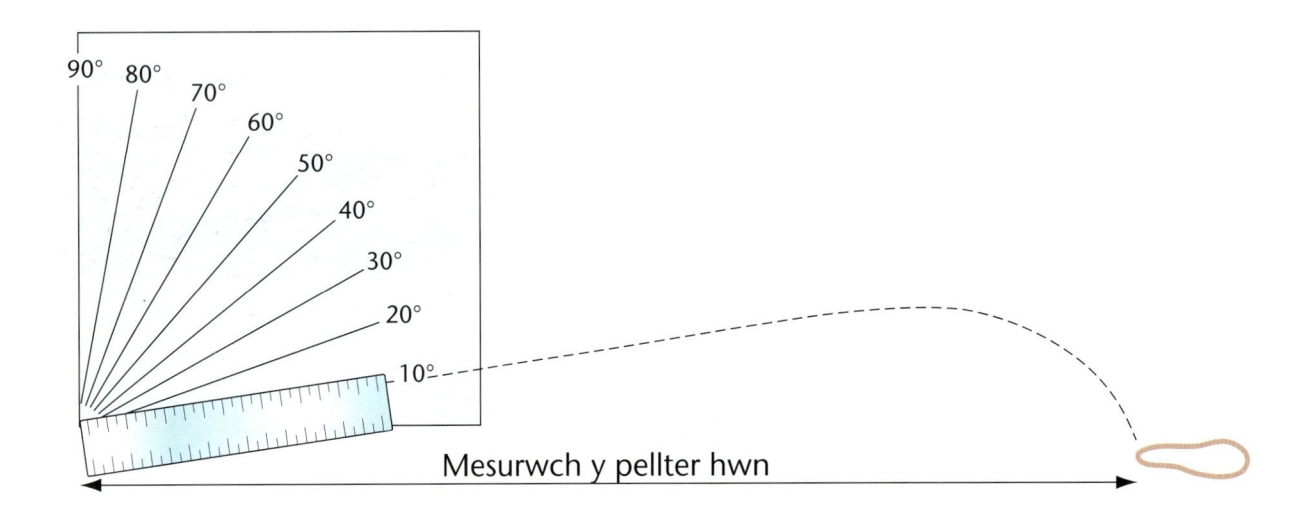

Mesurwch y pellter hwn

Cofnodwch eich mesuriadau mewn tabl. Yna lluniwch graff o'r canlyniadau ar bapur graff neu bapur sgwariau centimetr. Marciwch yr echelinau fel hyn:

Ar ba ongl y teithiodd y band bellaf? ....

Beth yw ystyr hyn i bobl sy'n chwarae golff, taflu picell neu gicio pêl yn bell?
Gwyliwch nhw. Ai dyna beth maen nhw'n ei wneud?